PORTRAITS POLITIQUES

CONTEMPORAINS

Imprimerie de Ch. Lahure (ancienne maison Crapelet)
rue de Vaugirard, 9, près de l'Odéon.

PORTRAITS POLITIQUES
CONTEMPORAINS

PAR M.

A. DE LA GUÉRONNIÈRE

I

NAPOLÉON III

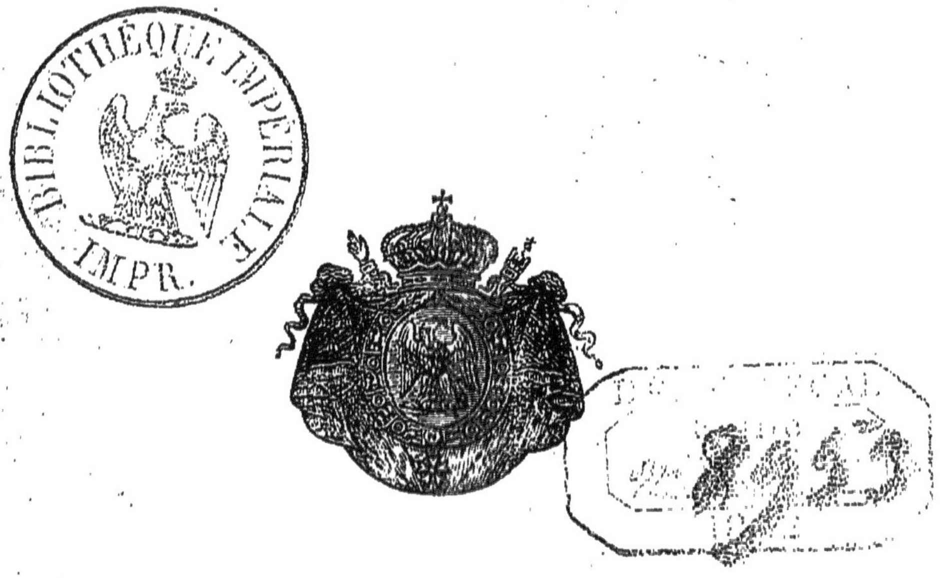

PARIS : AMYOT, RUE DE LA PAIX

1853

AVIS.

PORTRAITS POLITIQUES

CONTEMPORAINS.

Entre le pamphlet, qui est l'excès de la critique, et le panégyrique, qui est l'exagération de l'éloge, il y a le portrait, qui est la vérité, parce qu'il est la nature. J'entreprends de peindre les hommes illustres de mon temps. Ce qu'une pareille tâche impose d'équité à la conscience et d'impartialité à l'esprit n'effraye ni mon esprit ni ma conscience. Aussi loin de l'optimisme, qui transfigure la réalité, que du pessimisme, qui la défigure et qui la dégrade, je m'efforcerai d'y voir juste en voyant de haut au-dessus des partis et des passions. C'est le seul engagement que je puisse prendre devant le public au début de ce travail encore plus délicat que difficile. La renommée, la popularité, la gloire et le pouvoir sont comme ces miroirs complaisants et trompeurs dans lesquels se regardent les femmes coquettes pour retrouver l'illusion de leur beauté évanouie dans leur image embellie. Ils effacent les rides et les difformités, et ne réfléchissent que les lignes et les tons d'une éternelle jeunesse. Un miroir vrai est cependant quelquefois utile. En nous montrant tels que nous sommes, il nous aide à devenir tels que nous voudrions être. C'est ce miroir inaltérable que je veux placer devant les hommes politiques de cette époque, non-seulement pour qu'ils se reconnaissent, mais aussi pour que l'opinion les connaisse et les juge.

J'obéis, d'ailleurs, à un sentiment que je puis avouer tout haut, car il est un hommage à mon pays et à mon siècle. Les hommes illustres d'une grande nation comme la France ne sont pas seulement les types vivants de ses mœurs, de ses idées, de ses opinions, de ses transformations, de sa civilisation, de son génie; ils sont aussi les témoins de sa grandeur devant le monde et devant l'histoire. Le règne de Louis XIV n'a jeté tant d'éclat que parce qu'il a été celui de Condé et de Colbert, de Turenne et de Bossuet, de Racine et de Fénelon. La Révolution française n'a été si gigantesque, même dans le crime, après l'avoir été dans l'héroïsme et le patriotisme, que parce qu'elle a trouvé des géants pour la soulever et pour la porter. L'Empire s'est immortalisé dans l'immortalité de l'Empereur. Notre époque n'a rien à envier à ces époques privilégiées. La France est une terre féconde qui ne se fatigue jamais de produire; plus on lui prend et plus elle donne. « Il y a dans votre peuple assez d'esprit pour ensemencer l'Europe, » me disait dernièrement l'éloquent père Ventura, dont la parole évangélique ensemence les âmes de foi et de charité. Ce n'était pas un compliment de la courtoisie italienne; c'était l'aveu d'une noble et clairvoyante impartialité. Oui, nous sommes un grand peuple et un grand siècle ! Ce sont les témoignages de cette supériorité que je vais évoquer en dressant sur leur piédestal les renommées qui l'attestent. La patrie se reconnaîtra avec orgueil dans les fils qui sont nés de sa vie pour la conserver dans sa puissance et pour la transmettre agrandie et enrichie à d'autres générations.

NAPOLÉON III.

I.

Le portrait de LOUIS-NAPOLÉON BONAPARTE, que j'ai publié il y a plus d'un an, va être réimprimé pour une seconde édition.

Si cette étude a un mérite, c'est sa date. Écrite à une époque où l'opinion n'avait encore ni compris ni saisi la figure imposante et mystérieuse que j'entreprenais de peindre, elle a devancé de plusieurs mois les événements immenses qui devaient si vite en justifier les appréciations. J'avais vu clair dans cette nature enveloppée d'ombre. Ma clairvoyance ne fut que l'effet de mon impartialité. En m'élevant à la vérité, j'arrivai à la lumière, et en faisant une œuvre juste, je fis une œuvre vraie.

Cette œuvre souleva beaucoup plus de bruit que je n'en attendais. Elle fut discutée, exaltée, calomniée comme tout ce qui touche aux passions humaines. Il semblait qu'en montrant un homme dans un nom, je venais de faire une révélation. Une vie extraordinaire, trois années de pouvoir, des entreprises impossibles tentées avec une audace sans égale, des difficultés immenses vaincues avec autant de fermeté que de prudence, des piéges évités, des intrigues déjouées, des situations perdues en apparence, reprises à force de persévérance et d'habileté, révélaient assez la nature et le caractère de mon modèle. Il n'y avait qu'à regarder d'un peu près pour bien voir. Devant cette figure que j'essayai de mettre dans son jour, il y eut d'abord de l'étonnement et de l'émotion, et dans cette émotion comme un pressentiment des destinées dont elle était l'énigme vivante. L'acteur donne souvent l'idée du rôle. En expliquant l'homme, j'avais laissé entrevoir le dénoûment du drame.

Ce dénoûment, qui a éclaté depuis, a complétement dégagé de tous ses faux tons cette figure devenue tout à coup historique. Louis-Napoléon Bonaparte est arrivé à ce point culminant de sa vie qui ne permet plus les erreurs d'opinion sur son compte.

Quels que soient les desseins de Dieu sur lui, il empruntera aux événements qui viennent de s'accomplir sous sa main une individualité que l'avenir ne pourra pas détruire. On peut dire, sans aucune exagération de métaphore, que sa statue est sortie toute taillée du moule d'une révolution.

Cette statue n'est pas trop dissemblable du portrait que j'ai esquissé il y a quinze mois. C'est ce qui me décide à autoriser cette seconde édition. Je ne change rien à ce que j'ai écrit, excepté ce que les faits accomplis ont eux-mêmes changé. J'y ajoute seulement des rapprochements que je crois curieux et des appréciations que je crois justes et utiles.

A cette époque, je n'avais pu donner qu'un coin du tableau. Aujourd'hui, le tableau est complet. Le DEUX DÉCEMBRE est la date d'un autre avenir. Tout ce qui est en avant de cette date mémorable appartient à Dieu. Tout ce qui est en arrière appartient déjà à l'histoire.

II.

La première figure que je place dans ma galerie est celle qui attire aujourd'hui presque exclusivement les regards du monde entier. Louis-Napoléon Bonaparte a trouvé dans la grandeur de son nom la grandeur de sa mission. Né près d'un trône, bercé sur les genoux d'un empereur, marqué pour l'éventualité du plus lourd et du plus magnifique héritage qui ait jamais été promis à un berceau royal, élevé dans le culte napoléonien et dans la religion de son sang, renversé et ballotté par toutes les vicissitudes qui semblent l'apanage des dynasties anciennes et nouvelles, le fils du roi de Hollande et de la reine Hortense présente l'une de ces destinées étranges, mystérieuses, profondes, dont la trame nouée et dénouée par la fatalité échappe à toute analyse. Le drame humain tout entier se déroule dans cette destinée. Voilà un enfant qui n'ouvre les yeux à la lumière que pour être ébloui de la gloire de sa race. Les premiers sons qui frappent son oreille sont les échos de victoire qui feront retentir son nom jusqu'aux extrémités du monde et de la postérité. La vie, pour lui, n'est qu'un enchantement et un éblouissement. Tout à coup la scène change : un empire s'ébranle. L'Europe vaincue et humiliée se redresse derrière un million de soldats ; elle s'avance en colonnes serrées par toutes les issues de cet immense territoire agrandi de récentes conquêtes qui ont reculé la frontière française; elle envahit le sol de la patrie; elle triomphe de l'héroïsme et du génie par le nombre; elle dégrade cette dynastie de la guerre et des batailles qui la faisait trembler jusque sur les bords de la Vistule et de la Neva. L'Empereur abdique et s'exile, sa famille, qu'il avait distribuée sur les trônes, se disperse sur la terre étrangère. La reine Hortense, cette femme charmante, aussi dévouée qu'aimée, emporte ses fils dans sa modeste retraite d'Arenemberg, sur le bord du lac de Constance. La femme s'oublie et les sensibilités de sa nature se transforment, s'épurent et s'ennoblissent dans les tendresses exquises et dans les affections exaltées de la mère. La rude éducation de l'exil succède à l'éducation facile et douce des palais. Le prince qui devait apprendre à être roi apprend à être homme. Il essaye de devenir soldat en se mêlant aux exercices des jeunes officiers suisses réunis au camp de Thoun. La révolution de juillet le réveille et l'exalte. Il échange les tristesses du proscrit pour les aventures du conspirateur, et se jette en Romagne avec son frère aîné, pour marcher sur Rome à la tête des insurgés. Entraîné dans la déroute de cette armée indisciplinée, qui se disperse au premier choc des escadrons autrichiens, il n'échappe à la mort que pour assister à l'agonie de son frère, Charles-Napoléon, dont il reçoit le dernier soupir. Épuisé de souffrances et de fatigues, abîmé de douleur, traqué par la police, il est sauvé par sa mère, qui le rejoint à Ancône, lui fait traverser la France d'où un ordre du gouvernement l'expulse presque aussitôt, et le ramène en Angleterre et en Suisse. Alors commence une autre phase de cette existence si tourmentée. Le fils de Napoléon meurt; son neveu devient son héritier; l'insurgé de la Romagne se fait prétendant; il refuse dédaigneusement un trône en Portugal; il prépare l'entreprise de Strasbourg. Le gouvernement ne le juge pas et le déporte en Amérique; il en revient pour aller échouer à Boulogne. Vaincu, il est traité en victime. La prison de Ham se referme sur lui. Il en sort en fugitif pour rentrer en France, après l'avénement de la République, en favori du peuple. Six millions de voix l'élèvent à la présidence. L'homme d'État va se mettre à l'œuvre. Voilà cette vie! Je reviendrai sur ses épisodes les plus curieux et les plus importants. Voyons l'homme.

III.

Quel est ce problème qui se pose devant mon pinceau? Je cherche une lumière sur cette figure, et je n'y trouve que de l'ombre. En l'examinant de près, je ne puis m'empêcher de reporter ma pensée sur cette image sombre, sinistre, impassible et froide, qu'on appelle le Masque de Fer. J'ai lu quelque part, dans les Mémoires du temps, que les gardiens de ce personnage mystérieux avaient remarqué qu'un phénomène étrange s'était produit dans ce drame terrible. La vie était si puissante et si condensée sous cette enveloppe inflexible, elle avait un tel besoin de se faire jour, qu'il semblait à certains instants qu'elle se manifestât à travers l'acier et qu'elle l'animât comme elle aurait pu faire d'un visage humain. Alors le masque prenait les tons de la nature. On voyait des veines qui palpitaient, des lèvres qui remuaient, des yeux qui étincelaient, des tempes qui battaient : le masque s'était fait homme !

De même cette figure inerte et insensible en apparence n'est que le masque d'une vie intérieure ardente et puissante. Ces yeux semblent éteints, mais ils sont profonds comme la pensée dans laquelle ils plongent et qui remonte par instant à leur orbite, comme la flamme monte du foyer où elle s'allume. Ce front est sombre comme la fatalité, mais il est vaste comme la conception. Ces lèvres sont blêmes, mais elles sont fines, délicates, discrètes, s'entr'ouvrant à peine, tout juste ce qui est nécessaire pour laisser passer l'expression brève et précise d'une volonté réfléchie et arrêtée. Cette parole est indolente et traînante, mais elle est sûre d'elle, et son indifférence apparente n'est que l'excès de sa confiance. L'audace voilée par la timidité; la résolution dissimulée par la douceur; l'inflexibilité rachetée par la bonté; la finesse cachée par la bonhomie; la vie sous le marbre; le feu sous la cendre; en un mot, quelque chose d'Auguste et de Titus sous les traits de Werther, ce type de la rêverie allemande : tel apparaît Louis-Napoléon Bonaparte.

Ce portrait esquissé d'après nature explique l'homme tout entier. Ainsi se justifient également les jugements si divers portés sur lui. On comprend en effet comment les uns ont pu contester de très-bonne foi la supériorité politique de Louis-Napoléon Bonaparte et comment les autres l'exaltent avec fanatisme. Louis-Napoléon est un homme supérieur, mais de cette supériorité qui se cache sous des dehors modestes. Sa vie est tout intérieure; sa parole ne trahit pas son inspiration; son geste ne traduit pas son audace; son regard ne reflète pas son ardeur; sa démarche ne révèle pas sa résolution. Toute sa nature morale est contenue en quelque sorte par sa nature physique. Il pense et il ne discute pas; il décide et il ne délibère pas; il agit et il ne s'agite pas; il prononce et il ne raisonne pas. Ses meilleurs amis l'ignorent. Il commande la confiance et il ne la demande jamais. La veille de l'expédition de Boulogne, le général Montholon lui avait promis de le suivre sans savoir où il allait. Chaque jour, il préside silencieusement son conseil des ministres ; il écoute tout, parle peu et ne cède rien. D'un mot bref et net comme un ordre du jour, il tranche les questions les plus controversées. C'est ce qui explique pourquoi un ministère parlementaire a été impossible à côté de lui. Un ministère parlementaire aurait voulu gouverner, et lui ne voudrait jamais abdiquer même à la condition de régner.

Avec cette inflexibilité de volonté, rien de tranchant ni d'absolu dans la forme. Il domine sans humilier. La reine Hortense l'appelait un *doux entêté*. Ce jugement maternel est complétement vrai. Louis-Napoléon Bonaparte a cette bonté de cœur qui tempère et qui souvent dissimule les allures de l'esprit. Sa roideur un peu anglaise, dans sa personne, dans ses manières et jusque dans son langage, s'efface sous l'affabilité, qui n'est chez lui que la grâce du sentiment. Beaucoup s'y trompent et prennent sa bonté pour de la faiblesse et son affabilité pour de la banalité. Au fond, il se possède complétement; il est absolument maître de lui, et ses meilleures inspirations n'entrent dans ses actions que selon la mesure qu'il détermine. Facile à passionner, impossible à entraîner, il calcule tout, même ses enthousiasmes et ses audaces. Son cœur n'est que le vassal de sa tête.

IV.

Deux choses sont nécessaires pour faire un grand homme d'État : le bon sens d'abord, qui est le sens exact et pratique du vrai et du juste; la magnanimité ensuite, qui est l'inspiration d'en haut et la lumière de l'âme dans la raison et la volonté. C'est la réunion de ces deux choses, si rarement réunies dans les organisations les plus privilégiées, qui forme ce que l'on appelle le génie politique ou l'esprit de gouvernement. Combien peu d'hommes sensés qui soient magnanimes! et combien peu d'hommes magnanimes qui soient sensés !

Il semble, en vérité, que Dieu ait voulu créer une sorte d'incompatibilité entre la raison qui ne s'attache qu'à ce qui est possible et l'imagination qui ne s'attache qu'à ce qui est beau. La raison toute seule ne forme que des hommes d'affaires, qu'il ne faut pas toujours confondre avec les hommes d'État. L'imagination toute seule ne forme que des poëtes qui ont quelquefois la seconde vue, mais qui souvent manquent de la première.

Les natures d'élite sont celles qui, par un bien précieux privilége, peuvent s'élever à ce qui est beau sans s'écarter de ce qui est possible. Elles seules sont capables de concevoir et de réaliser le progrès en s'arrêtant à la limite qui le sépare de l'utopie. Le bon sens les retient en même temps que l'imagination les entraîne et que la magnanimité les élève.

Louis-Napoléon Bonaparte est capable

de tout ce qui est grand et incapable de tout ce qui ne serait pas sensé. Son audace elle-même n'est chez lui que le résultat d'un profond calcul. Sa magnanimité est aussi calme que sa raison. Il s'élève aux plus hautes conceptions, sans effort et sans travail. Il ferait les plus belles actions d'éclat sans orgueil en restant froid et simple. Il est sensé parce qu'il est réfléchi. Il est magnanime parce qu'il est noble et généreux. La grandeur est mêlée, dans sa nature, à toutes les forces du bon sens.

Ce double caractère ne se trouve pas seulement dans les actions de Louis-Napoléon Bonaparte, on le retrouve aussi dans ses écrits. Le style de l'écrivain ressemble à la politique de l'homme d'État. Sa précision est presque toujours rehaussée par sa puissance. Sous un mot vrai on sent une grande idée. L'expression exacte, dans sa nuance la plus délicate, ne fait jamais défaut à la pensée. On reconnaît à chaque phrase tombée de cette plume un esprit qui a tout à la fois la boussole du bon sens pour le diriger et l'inspiration de la grandeur d'âme pour l'élever.

V.

Voici un fait caractéristique et curieux. Un représentant, M. Antony Thouret, avait proposé un amendement à la constitution pour exclure de la présidence de la République tous les membres des familles ayant régné sur la France. C'était un nouveau genre d'indignité. On demandait à la patrie de ne pas reconnaître ses fils dans le sang des rois et des héros qui lui avaient donné le plus de gloire et d'éclat. Cette sottise paraissait tout simplement de la logique à cette époque. M. Antony Thouret ne croyait même pas avoir besoin de se mettre en frais d'éloquence pour faire triompher sa proposition tant elle lui paraissait naturelle, républicaine et juste.

« Je ne suis pas monté à cette tribune, s'écria-t-il dans la séance du 9 octobre 1848, pour vous donner de longs développements, car il est des devoirs impérieux dont le sentiment est dans la conscience de tous. D'ailleurs, je ne veux pas faire aux prétendants l'honneur de m'occuper longtemps de leurs personnes. »

Louis-Napoléon Bonaparte, impassible à son banc de représentant, écoutait sans émotion toutes ces défiances à son nom et toutes ces allusions à sa personne. Après avoir tout entendu et tout subi, il demande la parole et se rend à la tribune. Je le vois encore traversant l'hémicycle, d'un pas mesuré, calme sous les regards malveillants qui le suivent, absorbé en lui-même dans cette force intérieure que ne trahit aucun signe. Les rumeurs qui l'accueillent ne le troublent ni ne l'indignent. Tel il est en face de cette assemblée hostile, tel il serait en face des triomphes les plus éclatants de la popularité. Quand le silence fut rétabli,

Louis-Napoléon Bonaparte sort de sa poche un petit morceau de papier qui contenait trois phrases seulement. A chaque mot, il est interrompu par les exclamations les plus grossières, par les rires les plus outrageants. Il ne s'émeut pas un seul instant; il ne s'irrite pas; il remet tranquillement son papier dans sa poche, il redescend de la tribune comme il y était monté, et il va s'asseoir à sa place sans paraître se douter ou se soucier de ce qui s'est passé. Son impassibilité ne s'est point démentie. Voilà l'homme!

Qu'était-ce donc que cette impassibilité si étrange et si nouvelle? Beaucoup s'y trompaient. « C'est une tête de bois, » disait M. Thiers, et ce mauvais bon mot faisait fortune dans les coulisses de l'Assemblée. Mais ceux qui observent commençaient déjà à voir clair dans cette mystérieuse nature; ils y reconnaissaient cette puissance invincible de volonté qui apprend à un homme à gouverner les autres par l'empire de sa raison sur lui-même, et par le sangfroid qui est l'héroïsme des hommes de guerre et la grandeur des hommes d'État.

VI.

Louis-Napoléon Bonaparte est aujourd'hui le chef incontesté et libre du gouvernement; il sera quand il le voudra le chef de l'esprit public. Il a derrière lui déjà beaucoup de souvenirs que passionne son nom, beaucoup d'enthousiasmes que réveille son sang, beaucoup de sympathies qu'attire son caractère, beaucoup d'intérêts que rassure son pouvoir. Mais il n'a pas encore soulevé ces grands courants d'opinions que les hommes véritablement forts dirigent et soulèvent, et qui portent leur fortune avec celle de la patrie.

Louis-Napoléon Bonaparte n'a qu'à prendre résolûment le pas de l'avenir et de la démocratie pour entraîner la nation. Il est sûr de rallier autant d'âmes que son oncle rallia de soldats dans sa marche triomphale de Grenoble à Paris. Il ne laissera en dehors de lui que quelques débris de parti, quelques lambeaux de drapeaux et quelques convictions honorables et généreuses que retient la fidélité et que désarme le patriotisme[1].

Pour que cela soit encore à faire à l'heure où j'écris ces lignes, qu'a-t-il manqué à Louis-Napoléon Bonaparte? il lui a manqué l'initiative. Sa volonté active, si puissante quand elle se produit, n'a pas été permanente; on dirait qu'il ne la retrouve qu'en certains jours et dans certaines circonstances. Il se jettera par calcul en même temps que par inspiration dans une entreprise pleine de hasards; il marchera à la

1. Il n'est pas inutile de rappeler que ce passage écrit cinq mois avant le DEUX DÉCEMBRE est l'un de ceux qui donnèrent lieu aux polémiques les plus ardentes dans la presse politique de cette époque. (*Note de l'éditeur.*)

frontière contre un gouvernement défendu par quatre cent mille soldats, à la tête de dix de ses braves; il descendra sur la côte, en face de Boulogne, avec un drapeau et un aigle; il jouera héroïquement sa tête, en embrassant cette colonne héroïque qui domine la mer. Il écrira le message du 31 octobre contre les influences parlementaires qui l'oppriment; il destituera un général en chef pour lequel les historiens de Charles II s'amusent à tailler le rôle de Monk. Dans toutes ces occasions graves et décisives, sa volonté se révèle; mais elle se révèle sans bruit, sans orage, sans éclat; puis elle se repose. On sent bien qu'elle n'abdiquera pas; mais on dirait qu'elle dort.

Ce manque apparent d'initiative n'est peut-être que de la prudence. Le président de la République, enfermé dans les lignes d'attaque que les partis tracent autour de lui, ne pourrait avancer sans s'exposer. Il recule souvent; mais, qu'on ne s'y trompe pas, c'est pour mieux avancer.

Reculer pour avancer, c'est, en deux mots, toute la tactique de Louis-Napoléon dans la lutte des partis qu'il soutient avec tant d'énergie et de tact. Par ces deux mots, on comprend l'homme, non-seulement dans sa nature un peu orientale, qui enveloppe la volonté de langueur, et qui retient l'élan sans altérer l'audace, mais aussi dans toute sa conduite, dans ses actes contradictoires, en apparence, et dans les évolutions si diverses de sa politique.

Qu'on le remarque bien, en effet, ce n'est qu'en reculant que le président de la République a pu avancer depuis trois ans. Un obstacle s'est-il montré sur sa route, il ne l'a pas brisé. Non ; il a reculé devant lui, mais pour le franchir. Il a fait un pas en arrière pour en faire deux en avant, d'un seul bond imprévu comme une surprise et rapide comme un éclair.

C'est ainsi que, sous la commission exécutive qui voulait le proscrire, il refuse le mandat du département de l'Yonne qui l'avait élu. Son refus désarme le gouvernement et l'assemblée. Deux mois après, il revint par la force et le droit d'une quadruple élection, dont l'une le fait représentant de Paris.

C'est ainsi qu'après son élection il donne satisfaction au sentiment libéral et républicain de l'Assemblée, en choisissant un ministère où figurent MM. Odilon Barrot et Bixio. Il se sert bientôt de ce ministère pour obtenir de cette Assemblée le vote de sa propre abdication.

C'est ainsi qu'un jour il laisse désavouer en pleine tribune, par M. Odilon Barrot et par M. de Tocqueville, sa lettre au colonel Edgard Ney. Un peu plus tard, il renvoie son ministère, et fait du message du 31 octobre, le congé définitif des influences parlementaires.

C'est ainsi que pendant la prorogation de 1850, il sacrifie le général d'Hautpoul qui avait déplu à la majorité et au général

Changarnier. Le lendemain il destitue le général Changarnier.

C'est ainsi qu'il laisse silencieusement passer l'ordre du jour du commandant en chef de l'armée de Paris, qui était une leçon et un défi à sa responsabilité. Le 10 janvier, il brise le commandement du général Changarnier.

C'est ainsi encore qu'il accepte le vote de défiance du 18 janvier, laisse tomber son ministère et donne une satisfaction apparente à l'Assemblée ; le 24 du même mois, il écrit un message napoléonien qui rejette les torts au pouvoir législatif, et qui met la majorité en pénitence par l'épreuve d'un ministère extra-parlementaire.

Louis-Napoléon Bonaparte a donc toujours reculé pour avancer. Je garantis qu'il n'est pas de ceux qui avanceront jamais pour reculer.

VII.

Pour bien comprendre une nature, il faut en étudier tous les côtés et en sonder en quelque sorte les détails les plus intimes. J'ai dit que Louis-Napoléon Bonaparte avait la bonté du cœur. Je dois ajouter qu'il n'a pas l'émotion de l'âme. Il est capable de tous les nobles sentiments : il est incapable de certains entraînements d'imagination. C'est ainsi, par exemple, qu'il ne comprend l'art et la poésie que par la révélation de la puissance de création dont elles portent l'empreinte. Il sent la grandeur d'une œuvre, mais il la saisit bien plus facilement dans son ensemble que dans les beautés de détail qu'elle renferme. Son esprit ne s'arrête pas au rhythme et ne se berce pas dans l'harmonie. La nature elle-même, dans ses spectacles les plus grandioses et les plus sublimes, ne l'impressionne que faiblement. C'est, avant tout, une intelligence positive qui mesure tout avec un compas et qui pèse tout avec une balance, une de ces fortes et larges intelligences qui pensent et qui créent plutôt qu'elles ne rêvent.

Il y a près de Windsor, en Angleterre, une admirable forêt dont tous les arbres eurent la tête coupée le même jour qui vit tomber celle du roi Charles Ier sous la hache du bourreau. Comme si la nature avait voulu protester contre cette décapitation de la royauté, ces arbres, mutilés comme elle, se redressèrent dans leur séve avec une vigueur qui leur donna bientôt toute la majesté des siècles. Une femme charmante, dont l'âme était ouverte à toutes les nobles émotions, et qui vivait dans l'intimité du prince Louis-Napoléon Bonaparte, le décida à visiter cette forêt comme une des choses les plus curieuses du temps. Il en revint en raillant poliment et spirituellement ce qu'il appelait le sentimentalisme poétique de sa noble amie. Ce tableau avait frappé son esprit qui se frappe de tout ce qui est beau ; mais il n'avait ni ému ni entraîné son imagination.

VIII.

Je crois pouvoir placer ici un autre fait qui rendra la lumière plus claire et plus vive sur cette figure, que je voudrais esquisser complétement avant de raconter et d'apprécier la vie qui est l'objet de cette étude. C'était au mois d'octobre 1848. Le prince Louis-Napoléon Bonaparte préparait sa candidature à la présidence de la République. Il cherchait à rallier les partis sans se livrer à eux; il recevait tout le monde; il écoutait tous les conseils ; il accueillait toutes les idées sans énoncer ni engager les siennes. Un manifeste était nécessaire. Le général Cavaignac avait écrit le sien avec la pointe de son épée dans les actes de sa dictature militaire. Quel serait celui de son redoutable concurrent?

La France l'attendait. Louis-Napoléon Bonaparte le rédige avec cette netteté de pensée et de style qui est le cachet de tous ses écrits. Par déférence plus que par goût, il croit devoir consulter un homme d'État éminent, M. Thiers, qui s'était rallié à sa candidature, dans l'espérance de devenir le nouveau maire du palais de celui qu'il considérait comme un nouveau roi fainéant.

M. Thiers trouva que le manifeste de Louis-Napoléon n'avait pas le sens commun, et, le lendemain, il s'empressa d'en remettre un autre, que le futur président lut avec une attention pleine de politesse. « Permettez-moi de rester moi-même, dit-il à M. Thiers en lui rendant son manuscrit. » M. Thiers, un peu surpris, cacha son dépit, et dut comprendre que le temps était passé où il parlait à la France et à l'Europe derrière la couronne d'un roi résigné à régner sans gouverner.

IX.

Abnégation ou persévérance! s'écriait un jour le président de la République en s'adressant aux habitants de Lyon. Quel est le genre d'abnégation que promettait Louis-Napoléon Bonaparte en prononçant ce noble mot? Comme je trace un portrait, j'ai le devoir d'être sincère. Eh bien! non, je ne crois pas que le neveu de l'empereur veuille ou puisse quitter le pouvoir auquel il est arrivé par un concours si merveilleux d'événements imprévus. Est-ce donc qu'il serait capable de l'usurper en mettant sa prétention et sa volonté à la place du droit et de la volonté de la France! Je réponds hardiment du contraire : il n'usurpera pas le pouvoir, mais il est sincèrement convaincu que la France le lui donnera. Est-ce une ambition vulgaire de sa part? Non! C'est quelque chose de plus noble, je me hâte de le dire : c'est une religion. Il croit à son nom. Il est convaincu que l'Empire a laissé dans le sol des racines si profondes et si vivaces, que la tige napoléonienne n'a qu'à s'élancer pleine de séve et de force pour porter tous les fruits de la Révolution française et de la démocratie nouvelle, et pour abriter la société contre tous les orages. Telle est sa pensée. Noble pensée après tout, qui atteste une grande âme dans une grande ambition !

J'ai dans les mains une lettre bien curieuse et bien belle adressée de Ham à une femme illustre de l'Angleterre. Quoique cette correspondance soit inédite, je puis la publier, car elle est historique, et, d'ailleurs, elle est tout à l'honneur du nom dont elle est signée. Je dois cette précieuse communication à un homme dans lequel le président de la République française reconnaîtra facilement un ami de son exil, qui n'est point un courtisan de sa fortune. Le comte d'Orsay a vu de près Louis-Napoléon Bonaparte. Il a vécu avec lui dans les relations les plus intimes du cœur : nul ne lui fut plus sincèrement dévoué, et s'il s'est éloigné de sa grandeur, il ne s'est pas éloigné de son souvenir. Le comte d'Orsay, en voulant me convaincre des sentiments élevés et généreux du neveu de Napoléon, m'a remis cette lettre comme le témoignage et la justification de ses sympathies et de la chaleureuse adhésion qu'il donna en 1848 à sa candidature. Ce témoignage, je le dois à la vérité. Le voici :

Ham, 13 janvier 1841.

« Milady,

« Je reçois seulement aujourd'hui votre lettre du 1er janvier, parce qu'étant en anglais il a fallu qu'elle fût envoyée au ministère, à Paris, afin qu'elle y fût lue. Je suis bien sensible à votre bon souvenir, et c'est avec douleur que je pense que jamais auparavant vos lettres ne m'étaient parvenues. Je n'ai reçu de Gon-House qu'une lettre du comte d'Orsay, auquel je me suis empressé de répondre lorsque j'étais à la Conciergerie; je regrette vivement qu'on l'ait interceptée, car je lui témoignais toute ma reconnaissance de l'intérêt qu'il prenait à mes malheurs. Je ne vous ferai pas le récit de tout ce que j'ai souffert. Votre âme poétique et votre noble cœur ont deviné tout ce qu'a de cruel une position où la défense a des limites infranchissables et la justification des réserves obligées. Dans ce cas, la seule consolation contre toutes les calomnies et contre les rigueurs du sort, c'est de sentir dans le fond de son cœur une voix qui vous absout; c'est de recevoir des témoignages de sympathie de la part de ces natures exceptionnelles qui, comme vous, Madame, se séparent de la foule par l'élévation de leurs sentiments, par l'indépendance de leur caractère, et ne font pas dépendre leurs affections et leur jugement des caprices de la fortune et de la fatalité du sort.

« Je suis depuis trois mois au fort de Ham avec le général Montholon et le docteur Conneau, mais toute communication avec l'extérieur est défendue : personne encore n'a pu obtenir de venir me voir. Je vous enverrai un de ces jours la vue de la citadelle, que j'ai faite d'après une petite lithographie, car vous pensez bien que je ne connais pas le fort vu en dehors.

« Ma pensée se reporte souvent sur les lieux que vous habitez, et je me rappelle avec plaisir les moments que j'ai passés dans votre aimable société, que le comte d'Orsay embellit encore par sa spirituelle et franche gaieté. Cependant je ne désire pas sortir des lieux où je suis, car ici je suis à ma place : *avec le nom que je porte, il me faut l'ombre d'un cachot ou la lumière du pouvoir.*

« Si vous daignez, Madame, m'écrire

quelquefois et me donner des détails de la société de Londres et d'un pays où j'ai été trop heureux pour ne pas l'aimer, vous me ferez le plus grand plaisir, etc., etc.

« NAPOLÉON-LOUIS. »

Il y a dans cette lettre, aussi touchante qu'importante, une phrase qui mérite d'être retenue, c'est celle-ci :

« CEPENDANT JE NE DÉSIRE PAS SORTIR DES LIEUX OÙ JE SUIS, CAR ICI JE SUIS À MA PLACE : AVEC LE NOM QUE JE PORTE, IL ME FAUT L'OMBRE D'UN CACHOT OU LA LUMIÈRE DU POUVOIR. »

Cette clarté, qui vient d'un cachot, va éclairer toute la suite de ce travail.

X.

L'Empire semblait avoir disparu pour toujours. En 1836, qui donc songeait à la famille de l'empereur? La dernière lueur de cette époque merveilleuse venait de s'éteindre dans le palais de Schœnbrünn. Il ne restait du fondateur de cette dynastie sacrée par l'enthousiasme entre deux victoires, que des collatéraux semés et dispersés dans toutes les parties de l'Europe, séparés de la France qui ne se souvenait plus que de la gloire de leur nom.

Une femme que nous avons déjà nommée, la reine Hortense, avait conservé dans les cœurs cette popularité de la grâce et du sentiment que le temps respecte et que le malheur rehausse. Elle n'avait pas été oubliée parce qu'elle avait été aimée. L'empereur, qui avait vaincu l'Europe, humilié les rois, subjugué la Révolution, pouvait laisser, même après lui, des consciences pour l'accuser, des ressentiments pour le poursuivre, et des ambitions pour le haïr; la femme charmante et tendre, la mère passionnée, ne pouvait trouver que des cœurs pour la plaindre. Son ombre attristée passait dans les souvenirs de cette époque comme l'image de l'amour, de la bonté et de la charité, au milieu des images de carnage, de deuil et de mort. Du fond de son exil, elle jetait encore sur cet Empire renversé le charme de son malheur, de sa résignation et de son héroïsme, comme elle avait jeté sur l'Empire debout, éblouissant et puissant, le prestige de sa grâce. C'est près de cette femme et de cette mère, dans la retraite modeste qu'elle s'était choisie, que devait se préparer la mise en scène de ce drame dont les péripéties si étranges et si diverses se sont successivement déroulées sous nos yeux depuis quinze ans, et dont le dénoûment définitif est encore le mystère de l'avenir et le secret de Dieu.

XI.

La dynastie de juillet n'avait que six ans de date. C'était peu pour son pouvoir mal affermi; c'était trop pour sa popularité déjà évanouie. L'esprit public se retirait de sa fortune. Les partis combattaient; les factions conspiraient; les assassins construisaient, dans l'ombre de leurs sinistres vengeances, des machines infernales qui éclataient au milieu des parades et décimaient les cortéges officiels. Alibaud venait de succéder à Fieschi dans l'odieuse famille des régicides. L'Europe se défiait et regardait avec inquiétude cette royauté de hasard qui humiliait et qui menaçait les trônes par son élévation. C'était une de ces époques de doute et de transition qui laisse à tous des espérances ou des craintes, et qui semble promettre un lendemain à toutes les ambitions en ouvrant une perspective à toutes les prétentions.

Le neveu de l'empereur, devenu son héritier par la mort du duc de Reichstadt, suivait avec une attention inquiète toutes les phases de cette situation. Il interrogeait toutes les pulsations de l'esprit public. Il penchait son oreille pour saisir tous les bruits que lui apportait le vent de la patrie. Il provoquait les rapports qui pouvaient le rapprocher des hommes éminents que leur caractère ou leur talent plaçait à la tête de l'opinion. Il ménageait des intelligences dans l'armée en envoyant son souvenir et son nom aux vieux généraux dont la fortune avait été liée à celle de son oncle. En un mot, il se disposait au rôle qu'il se croyait fatalement appelé à remplir, n'attendant que des circonstances l'heure de l'accomplissement des destins.

XII.

Déjà, en 1833, le jeune Bonaparte avait eu de longues et sérieuses conversations avec un homme considérable, qui l'avait encouragé dans ses espérances. La Fayette, cruellement désappointé de ses illusions de l'Hôtel de Ville, put croire, en effet, que ce nom, qu'il avait proscrit lui-même en 1815, serait sa vengeance et celle de la patrie. Carrel reçut aussi des ouvertures de la part du prince. Il y avait dans le républicanisme de Carrel quelque chose d'inflexible et d'absolu qui devait le rendre sympathique à ce nom. Sa nature, sa foi, sa vie, ses études lui montraient dans la démocratie bien plus une forme qu'un dogme. Enthousiaste de nationalité, c'est à peine si son regard daignait s'étendre au delà de l'horizon de la patrie pour entrevoir l'humanité et le progrès infini comme elle. Son patriotisme absorbait son libéralisme. Son style était correct, précis, vigoureux comme le pas d'un régiment. On ne sentait pas passer dans sa phrase le souffle des grandes inspirations. Plus éminent par le caractère que par le génie, il s'imposait bien plus par son autorité que par sa supériorité. Sa vie était une lutte. C'était un héros antique égaré dans le forum de la liberté moderne.

Carrel ne se montra donc pas absolument hostile à l'éventualité d'un rôle possible pour le neveu de l'empereur au jour du triomphe de la démocratie. Interrogé à ce sujet par un ami du prince, il répondit en ces termes : « Les ouvrages politiques et militaires de Louis-Napoléon Bonaparte annoncent une forte tête et un noble caractère. Le nom qu'il porte est le plus grand des temps modernes. C'est le seul qui puisse exciter fortement les sympathies du peuple français. Si ce jeune homme sait comprendre les nouveaux intérêts de la France, s'il sait oublier ses droits de légitimité impériale, pour ne se souvenir que de la souveraineté du peuple, il peut être appelé un jour à jouer un grand rôle. »

Carrel fut prophète. La légitimité impériale n'a valu à celui qui en était le représentant qu'un double échec à Strasbourg et à Boulogne, et une prison à Ham. La souveraineté du peuple lui a donné la première place à la tête d'un pays libre.

XIII.

En pénétrant les mobiles qui ont poussé Louis-Napoléon Bonaparte à précipiter sa destinée, j'en trouve deux qu'il importe de signaler. Il était convaincu d'abord que le bonapartisme existait en France à l'état latent, et qu'il suffisait d'une étincelle pour en déterminer l'explosion. Il croyait, en outre, que sa naissance et son nom ne lui permettaient pas de rester dans l'oisiveté et la résignation de l'exil, et, comme il l'a écrit depuis dans la lettre si curieuse que j'ai publiée, il pensait qu'il n'avait qu'à choisir ENTRE L'OMBRE D'UN CACHOT OU LA LUMIÈRE DU POUVOIR.

Cette double impulsion était si irrésistible qu'il crut de bonne foi n'avoir qu'à se montrer à la frontière pour soulever et entraîner la France. Il comptait sur un second retour de l'île d'Elbe; il ne pouvait pas supposer que l'armée hésitât entre ses serments et ses souvenirs. Dans sa pensée, la Restauration et la monarchie de juillet n'étaient que des accidents. L'ordre logique, naturel et nécessaire de la société nouvelle, c'était l'Empire. 1814 avait ouvert la parenthèse, 1836 devait la fermer.

Au mois de juillet 1836, Louis-Napoléon Bonaparte se rendit à Bade afin d'être plus près de la France et de se tenir à la portée des événements pour en profiter. C'est là qu'il rencontra pour la première fois le colonel Vaudrey, qui commandait le 4e régiment d'artillerie en garnison à Strasbourg. Ce régiment était précisément celui dans lequel l'empereur avait fait ses premières armes au siége de Toulon, et qui, plus tard, fier de ce souvenir, l'accueillit avec transport à Grenoble et fit cortége à sa marche triomphale sur Paris. Le colonel Vaudrey avait été héroïque à Waterloo; il avait conservé dans son cœur le ressentiment de cette défaite et le culte de son drapeau. Homme du monde, de manières élégantes, de relations faciles, ses impressions étaient promptes, rapides, ses sentiments élevés, quelquefois légers, jamais intéressés, égoïstes ni cupides. Plus téméraire qu'audacieux, sa témérité n'était que l'élan de son dévouement. Il ne calculait pas les chances de succès; il écoutait ses souvenirs, ses affections, ses enthousiasmes, et en oubliant la discipline il croyait encore servir la patrie. Il ne conspirait pas, il combattait. Il ne s'illusionnait pas, il se dévouait. Le devoir pour lui, n'était pas dans son serment, mais dans sa foi. Un tel homme avait un rôle marqué dans les événements qui se préparaient à Strasbourg. Bonaparte le vit et le captiva; il l'associa bientôt à ses vœux, à ses espérances et à ses plans.

Un auxiliaire plus important, quoique moins marquant, était acquis à Louis-Napoléon Bonaparte : c'était M. de Persigny. Esprit fin, profond et pénétrant, caractère énergique et audacieux, volonté pleine de ressources, cœur chevaleresque, M. de Persigny était en même temps la conception et l'exécution, l'intelligence et la main de l'entreprise à laquelle il s'était voué. Diplomate d'instinct, il nouait les fils du complot avec une habileté consommée et de manière à rester le maître de lui imprimer la direction qu'il jugerait la meilleure. Impassible et froid devant le péril, aucun obstacle ne pouvait ni l'effrayer, ni l'arrêter. La prévoyance qui combine tout, l'audace qui ne redoute rien, tel était M. de Persigny. Depuis, l'approche du pouvoir l'a modifié sans doute. Je prends les hommes non pas tels qu'ils peuvent être en dehors des événements que je raconte, mais tels qu'ils apparaissent dans la lumière de ces événements.

D'autres acteurs plus secondaires se groupaient autour de ces premiers rôles. Il faut citer le commandant Parquin, type militaire de l'époque impériale, bref, résolu, décidé, vieux soldat endormi dans son drapeau et croyant l'Empire éternel parce que l'empereur est immortel; le lieutenant Laïty, jeune officier plein d'ardeur et d'enthousiasme, qui avait emporté de l'École polytechnique l'esprit républicain, et qui rattachait les espérances de la démocratie aux souvenirs de gloire que réveillait le nom de Napoléon; le comte de Gricour, M. de Quérelles et M. de Bruc, officiers en disponibilité, jouant noblement leur vie, dans ces hasards, pour conquérir l'avenir; enfin une femme jeune et belle, Mme Gordon, qui mêlait à toute cette action l'élément indispensable dans les combinaisons des passions humaines, et pour qui ces aventures avaient tout l'attrait du roman.

XIV.

Strasbourg et Boulogne! Deux noms qui font trembler la main et frémir la conscience, deux faits qui ne peuvent être pesés avec équité et jugés avec autorité que par l'infaillible histoire! Est-ce grandeur ou folie? Est-ce héroïsme ou caprice? Est-ce prévoyance ou démence? Est-ce vertu ou crime? Est-ce abnégation ou ambition? La morale éternelle, l'opinion, la société, la loi répondent d'une manière. Le sort, la fortune, la réalité répondent autrement. Voilà un homme qui, par deux fois, a conspiré contre un gouvernement établi et a déployé à quatre ans de distance le drapeau de la guerre civile sur une frontière et sur un rivage de sa patrie; cet homme veut être empereur. Il entre sur le continent, où il débarque sur la côte en prétendant; il provoque des trahisons et des défections; il engage une lutte impossible et succombe presque aussitôt dans l'impuissance de sa propre cause; il est insulté, jugé, condamné, presque oublié en Amérique et dans le donjon de Ham. On voit en lui, pendant quinze ans, plutôt un maniaque qu'un héros. Et cependant c'est cet homme qui, quelques années plus tard, devient d'abord le favori de la popularité, pour devenir bientôt après l'élu du peuple! A peine son nom est-il jeté sur la place publique, qu'il est murmuré sur toutes les lèvres comme un souvenir et une espérance. Le murmure court dans la rue; il franchit la barrière; il s'étend aux campagnes; il retentit jusque dans les plus humbles villages du territoire; il monte comme la vague de l'Océan, jusqu'à ce qu'il se transforme en un grand mouvement d'opinion et qu'il se traduise par six millions de suffrages, jetés dans l'urne, sans motif, sans calcul, et comme par un élan irrésistible et spontané de la nation.

Oui, cela est étrange, et cependant cela est vrai. Strasbourg et Boulogne ont fait l'élection du 10 décembre. Si Louis-Napoléon Bonaparte ne s'était pas posé en prétendant à l'Empire, il n'eût pas été peut-être président de la République française. En doute-t-on? Voici un fait qui va détruire les incertitudes.

Les Bonaparte n'avaient pas attendu le signe de l'ancien prisonnier de Ham pour apparaître en France sur la scène toute nouvelle de la République. Dès le lendemain de la révolution, on avait vu accourir, pour prendre leur part de la victoire, deux jeunes hommes de cette famille : l'un, fils de Lucien, républicain comme son père, alliant l'intrépidité corse à un patriotisme presque romain; l'autre, fils du roi Jérôme, actif, jeune, intelligent, capable, rappelant son oncle par les traits de sa figure, effigie vivante de cette physionomie historique gravée dans plus de souvenirs que de médailles. Qui donc reconnaissait ces représentants et ces héritiers de l'époque héroïque au milieu des crises, des orages, des agitations et des convulsions de l'époque révolutionnaire? Quel souvenir remontait à eux? Quelles espérances se rattachaient à leur nom? Quelle perspective éclairait leur front? Ils passaient ignorés et inaperçus devant le peuple, qui ne laissait rien échapper et qui voyait tout. Ils montaient leur garde comme de simples et patriotiques volontaires à la porte du gouvernement provisoire. Ils étaient élus par la Corse et venaient loyalement s'asseoir sur leur banquette de représentant sans éveiller une émotion ou un pressentiment. Ils n'avaient fait ni Strasbourg ni Boulogne!

Que la raison s'humilie devant un pareil résultat!... Oui, que la raison s'humilie, mais que la conscience n'abdique pas! Le sort, la fortune, le caprice de la popularité, le hasard des événements n'y font rien. Il faut que les desseins de Dieu s'accomplissent. Leur mystère n'est que le secret de leur grandeur. Ce qui paraît insensé ou coupable n'est souvent, dans les desseins providentiels, qu'un moyen de vaincre la logique en déconcertant toutes les prévisions. L'Empire avait croulé deux fois en quelques jours sous l'effort d'un million d'hommes ayant à leur tête tous les rois de l'Europe. L'empereur, tombé de la puissance la plus universelle et la plus glorieuse qui ait jamais été donnée à un homme, semblait avoir emporté avec lui sur un rocher, au milieu de l'Océan, toutes les espérances de sa race. On aurait dit qu'il ne devait rester de cette époque qu'une sublime épopée. Trahi par ceux qu'il avait élevés, humilié et martyrisé par ceux qu'il avait vaincus; sans patrie, sans famille, livré à tous les odieux traitements d'un agent obscur des vengeances britanniques, il mourait à Sainte-Hélène, sans que le râle de son agonie fût une émotion et sans que son dernier soupir fût un événement dans le monde. Son fils, dont le berceau fut entouré de tant d'espérances, succombait lui-même avant d'avoir vécu; il mourait à son tour dans le palais de Schœnbrünn, soldat de l'Autriche, après avoir été l'héritier du vainqueur des rois et du conquérant des peuples. Qui pouvait croire que ce double coup laissait encore une chance à l'Empire? Qui pouvait croire qu'une tige nouvelle allait s'élever pour en faire revivre le principe et l'enthousiasme, quand le tronc et le rameau sorti de son écorce venaient d'être déracinés? Cependant, voici un jeune homme que personne ne connaît. Il tente des entreprises impossibles. On le raille, on le juge, on l'emprisonne et on l'oublie; et cet homme, qui est entré à Strasbourg et qui a débarqué à Boulogne, cet homme que nous avons vu assis entre deux gendarmes sur la banquette des accusés, puis traîné dans une prison comme un criminel, puis fugitif et errant, c'est Louis-Napoléon Bonaparte! O Providence, qui pourrait nier que tu ne gouvernes le monde, et qui pourrait douter, en face de ces enseignements donnés par ta main, que les grandes épreuves noblement supportees ne soient l'apprentissage des grandes destinées glorieusement remplies !

XV.

Maintenant que venait faire Louis-Napoléon à Strasbourg et à Boulogne? Venait-il renverser simplement un gouvernement pour prendre sa place? Venait-il, comme Charles-Édouard, à la tête de ses partisans, jouer comme lui son droit et son sceptre dans le hasard d'une bataille? Venait-il, enfin, vider une prétention de parti à parti, dans un duel suprême au bord du Rhin et sur la plage d'un océan? Non! Louis-Napoléon n'était pas un conspirateur ordinaire. Si l'on veut même que je dise toute ma pensée, je n'hésiterai pas à ajouter que son caractère, ses mœurs, ses idées, son éducation, sa nature, devaient le faire répugner profondément à tout projet de conspiration. Ce qui le prouve, c'est la témérité même, et l'impossibilité absolue de réussite qui apparaît au plus simple examen des combinaisons sur lesquelles reposaient les deux expéditions de Strasbourg et de Boulogne. En effet, le héros de ces entreprises ne s'inquiète pas de savoir s'il a des partisans en France. Il ne prépare rien; il n'organise rien. Ses plans ne correspondent à aucune stratégie. Ses efforts ne se renouent à aucune affiliation. Il n'est sûr que de quelques officiers secondaires qui lui livrent leur épée et leur serment. Ce n'est pas à Paris, au centre du territoire, qu'il porte son action pour la faire rayonner de là sur toute la France. Non! il apparaît tout à coup comme son oncle sur un coin du territoire, et il croit que la marche va s'ouvrir pour lui triomphale, victorieuse et populaire. Quelques proclamations et une constitution, voilà ses munitions de guerre! Son nom, voilà son prestige! Une douzaine d'amis résignés à partager son sort, voilà son armée!

On a dit, je le sais, que l'entreprise de Strasbourg en particulier se reliait à une organisation formidable qui englobait toutes les villes frontières de l'est, leurs populations et leurs garnisons. On a dit encore que plusieurs généraux n'attendaient qu'un succès sérieux pour se prononcer et pour engager leur fortune dans une cause où ils retrouvaient les souvenirs et les enthousiasmes de leur jeunesse. La procédure si complète et si minutieuse qui a été faite par la magistrature et par la Cour des pairs, les débats qui ont porté la lumière dans tous les détails et dans tous les replis de la conspiration, n'ont pu relever un seul indice de ces complicités supposées. J'ai tout vu et tout lu. Le temps, qui a changé le cours des circonstances, et qui a fait un titre de faveur de ce qui eût été une cause de dégradation, n'a montré aucune de ces trahisons secrètes qui se cachent dans la défaite et qui se redressent impudemment le lendemain du triomphe pour réclamer ou pour recevoir leur récompense.

Un vieux soldat de l'Empire, dont le cœur pouvait se laisser séduire, mais dont la conscience ne pouvait se laisser fléchir, le général Exelmans, avait reçu des ouvertures directes du prince. Il les repoussa avec l'inflexibilité du devoir et avec la douleur de la prévision certaine d'un grand échec pour un nom qu'il aimait. Louis-Napoléon, devenu président de la République française, ne s'est pas souvenu de ce refus. Ou pour mieux dire, si, il s'en est souvenu! Et il a donné le bâton de maréchal à celui qui, sacrifiant la religion de ses sentiments à la religion de ses serments, refusa noblement de lui livrer son honneur et son épée.

Ainsi, Bonaparte n'a pas conspiré, car toute conspiration suppose une action et une organisation, et il n'y en avait pas de sérieuses ni à Strasbourg, ni à Boulogne.

Ce n'est pas la défection de quelques officiers et le dévouement de quelques amis qui pouvaient lui assurer des moyens matériels assez puissants pour s'imposer. Au fond il ne comptait que sur sa force morale. C'est une révolution d'opinion qu'il venait provoquer en se montrant inopinément sur la frontière avec un drapeau et un aigle.

Cela résulte bien clairement d'une conversation curieuse et authentique qu'il avait, quelques jours avant sa première tentative, avec le colonel Vaudrey dans un hôtel de Bade. « Si le gouvernement, disait-il alors, a commis assez de fautes pour rendre une révolution encore désirable au peuple, si la cause napoléonienne a laissé d'assez profonds souvenirs dans les cœurs français, il me suffira de me montrer seul aux soldats et de leur rappeler les griefs récents et la gloire passée, pour qu'on accoure sous mon drapeau. Si je réussis à entraîner un régiment, si des soldats qui ne me connaissent pas s'enflamment à la vue de l'aigle impériale, alors toutes les chances seront pour moi. Ma cause sera gagnée, quand même des obstacles accidentels viendraient à la faire échouer. »

Obéir au destin, suivre son étoile, sonder la France avec l'épée de Napoléon pour y trouver le bonapartisme et l'Empire, appeler le peuple à manifester ses vœux pour un régime qu'il croyait celui de ses préférences et de ses enthousiasmes, voilà très-sincèrement et très-impartialement ce que croyait et ce que voulait faire Louis-Napoléon Bonaparte en entrant à main armée à Strasbourg, le 30 octobre 1836, comme en débarquant à Boulogne le 6 août 1840.

XVI.

Aussi voyez ce qui arrive : il part d'Arenemberg le 25 octobre 1836; il quitte sa mère sans un trouble et sans une émotion, et la clairvoyance maternelle, qui devine tout parce qu'elle vient du cœur, ne soupçonne absolument rien. Il arrive impassible et indifférent à Strasbourg dans une voiture attelée de quatre chevaux comme pour une fête : il passe une nuit calme et tranquille comme une nuit sans crainte et sans remords; il sort à six heures du matin pour aller rejoindre le colonel Vaudrey à la caserne d'Austerlitz, absolument comme s'il allait passer une revue; il parle aux soldats comme s'il revenait d'Égypte; il propose au général Voirol, qui commandait à Strasbourg, de lui vouer son épée, comme il proposerait aujourd'hui à un général en disponibilité de reprendre du service : il est repoussé au quartier de Finckmatt, et se soumet sans lutte, sans résistance et sans protestation. La responsabilité de son acte ne lui pèse pas. Il ne la sent pas. La perspective de l'expiation ne l'effraye pas un seul instant. « Je suis prisonnier, s'écrie-t-il, tant mieux, je ne mourrai pas dans l'exil ! »

Mis au secret, conduit à Paris, déporté en Amérique, il reste impassible et inflexible dans sa superstition. Son étoile le ramène à Boulogne. Là, même imprévoyance, ou, pour mieux dire, absence complète de moyens d'action. Quelques amis dévoués comme à Strasbourg, à peu près les mêmes, et quelques-uns de plus, ardents, exaltés et courageux comme les autres, tels que M. Bataille, M. Conneau, M. Aladenise, M. Ornano, M. Forestier, M. Voisin, M. Mesonnan, M. de Laborde, M. de Montauban, M. Bacciocchi, M. Lombard, ayant à leur tête M. le général Montholon, forment toute son escorte. Le succès est impossible. L'entreprise est insensée. Qu'importe ! Louis-Napoléon Bonaparte descend d'une barque à la pointe du jour. MM. Bataille et Aladenise, qui veillaient sur la côte avec toute la sollicitude du dévouement, le reçoivent. On se prépare; on se met en marche; on échoue; on se disperse; on se jette à la nage. L'Empire tombe à la mer. On le ramène au rivage non pour le sacrer, mais pour le dégrader. Le prétendant n'est plus qu'un prisonnier. Le prisonnier devient un accusé et un condamné. La porte de Ham se referme sur lui, et cependant il ne doute pas, et, à peine entré dans ce sombre donjon, la première pensée qui lui échappe n'est ni un regret, ni un remords, ni une plainte. « Ici, je suis à ma place, » s'écrie-t-il. Voilà l'homme et voilà le drame!

XVII.

Il m'est impossible de ne pas rappeler ici les paroles mémorables que M. Berryer fit retentir à la barre de la Cour des pairs en présentant la défense de son illustre client. M. Berryer connaissait ce tribunal suprême. Lorsqu'il n'était encore qu'un avocat, il avait eu l'honneur d'y défendre le maréchal Ney, à côté de M. Dupin. Le grand avocat était devenu le grand orateur, et sa voix, qui s'était élevée vingt-cinq ans plus tôt en faveur de l'un des héros les plus glorieux de cette époque, s'élevait encore dans la même enceinte pour protéger le neveu de l'empereur et pour montrer l'excuse de ses audacieuses entreprises dans les superstitions que son nom avait dû imposer à son âme. M. Berryer fut sublime quand, sondant les consciences de ses juges jusque dans leurs replis les plus secrets, il leur demanda ce qu'ils auraient fait si son client avait réussi : « Et ici, s'écria-t-il, je ne crois pas que le droit au nom duquel était tenté le projet puisse tomber devant le dédain des paroles de M. le procureur général. Vous faites allusion à la faiblesse des moyens, à la pauvreté de l'entreprise, au ridicule de l'espérance du succès ; eh bien ! si le succès fait tout, vous qui êtes des hommes, qui êtes même les premiers de l'État, qui êtes les membres d'un grand corps politique, je vous dirai : Il y a un arbitre inévitable, éternel entre tout juge et tout accusé; avant de juger, devant cet arbitre et à la face du pays qui entendra vos arrêts, dites-vous, sans avoir égard à la faiblesse des moyens, le droit, les lois, la constitution devant les yeux, la main sur la conscience, devant Dieu et devant nous qui vous connaissons, dites : S'il eût réussi, s'il eût triomphé, ce droit, je l'aurais nié, j'aurais refusé toute participation à ce pouvoir, je l'aurais méconnu, je l'aurais repoussé. — Moi, j'accepte cet arbitrage suprême, et quiconque d'entre vous, devant Dieu, devant le pays, me dira : S'il eût réussi, j'aurais nié ce droit! — celui-là je l'accepte pour juge. »

Le condamné de la Cour des pairs sentit la grandeur de cette défense, et il y mesura la grandeur de sa reconnaissance.

Il était difficile de remercier l'avocat sans offenser l'orateur et sans embarrasser le chef de parti; il était difficile de parler de l'avenir à un homme qui avait sa religion, son espérance, son esprit et son cœur dans le passé. Louis-Napoléon Bonaparte écrivit à M. Berryer une lettre où tous ces écueils étaient évités avec autant de tact que de bonheur. Cette lettre, que je puis publier sans scrupule, parce qu'elle est tout à la fois à l'honneur du défenseur et du client, la voici :

« Paris, le 5 octobre 1840.

« Mon cher monsieur Berryer,

« Je ne veux pas quitter ma prison de Paris sans vous renouveler tous mes remercîments pour les nobles services que vous m'avez rendus pendant mon procès. Dès que j'ai su que je serais traduit devant la Cour des pairs, j'ai eu l'idée de vous demander de me défendre, parce que je savais que l'indépendance de votre caractère vous mettait au-dessus des petites susceptibilités de parti, et que votre cœur était ouvert à toutes les infortunes comme votre esprit était apte à comprendre toutes les grandes pensées, tous les nobles sentiments. Je vous ai donc pris par estime, maintenant je vous quitte avec reconnaissance et amitié. J'ignore ce que le sort me réserve; j'ignore si jamais je serai dans le cas de vous prouver ma reconnaissance; *j'ignore si jamais vous voudrez en accepter des preuves ;* mais, quelles que soient nos positions réciproques, en dehors de la politique et de ses désolantes obligations, nous pouvons toujours avoir de l'estime et de l'amitié l'un pour l'autre; et je vous avoue que, si mon procès ne devait avoir eu d'autres résultats que de m'attirer votre amitié, je croirais encore avoir immensément gagné, et je ne me plaindrais pas du sort.

« Adieu, mon cher monsieur Berryer;

recevez l'assurance de mes sentiments d'estime et de reconnaissance.

« LOUIS-NAPOLÉON BONAPARTE. »

XVIII.

Un autre homme politique, également illustre, M. de Cormenin, eut un rôle moins éclatant que celui de M. Berryer, mais curieux à connaître aujourd'hui. M. de Cormenin était un des chefs de l'école libérale et démocratique. Il se souvenait cependant de l'Empire avec orgueil, et il avait conservé pour cette grande époque de sa jeunesse une prédilection qui se révélait parfois dans ses écrits. C'est que l'Empire représentait, à ses yeux, le principe de l'autorité dans le droit de la souveraineté du peuple. M. de Cormenin était autant un homme de pouvoir que de liberté. Esprit dogmatique, il allait à la source des choses, et au milieu des phases diverses de ce siècle, il restait l'amant fidèle et passionné de la logique.

M. de Cormenin, à la prière de quelques amis du prince, fit la note qu'on va lire. Il profita de l'occasion pour y traiter la question de son point de vue personnel sur le principe, l'obligation et les effets de la souveraineté du peuple et du suffrage universel, dont il n'a pas cessé d'être, depuis 1830 jusqu'à nos jours, le plus persévérant et le plus éclatant défenseur.

Voici ce morceau que personne ne connaît :

« La puissance vient du peuple ; lui seul est souverain, lui seul est légitime. Ce qui lui appartient, il peut le donner ; ce qu'il a donné, il peut le reprendre. Empereurs, rois, magistrats, généraux, législateurs, nous ne sommes, nous ne pouvons être que ses serviteurs et ses délégués.

« Je suis venu non pour le contraindre, mais pour le consulter. Je suis venu pour rompre l'oppression de son silence et pour frayer par l'épée une issue à l'exercice de la souveraineté nationale.

« J'ai échoué. Le hasard fait le succès ; les principes font le droit.

« Si vous voulez compter les suffrages, j'en ai *trois millions cinq cent mille* et vous *deux cent dix-neuf*.

« Si vous voulez les peser, les miens émanent du peuple et les vôtres d'une Assemblée sans plénitude constituante, sans mandat spécial, et sans ratification.

« Si vous dites que l'empereur Napoléon était légitime, il ne l'était qu'en vertu des constitutions de l'Empire ! alors comment se ferait-il que moi, son héritier, je ne le fusse pas en vertu des mêmes constitutions ?

« Si le peuple a voulu changer les constitutions de l'Empire, où est l'acte de sa volonté? S'il ne l'a pas fait et qu'il puisse le faire, je ne le nie pas, mais c'est pour cela qu'il faut le consulter afin de savoir par lui-même ce qu'il veut.

« Dans ce cas, il ne devrait même pas y avoir guerre entre nous, mais armistice.

« Il appartient au peuple, je le reconnais, de prendre vous ou moi, ou de nous laisser tous les deux !

« De mon côté, j'apporterai mon nom et un cœur aussi haut que ce nom. De votre côté, qu'apporterez-vous ? Le peuple choisira. Que sa volonté soit faite !

« Vous m'avez interdit par la force la terre et le soleil de ma patrie. Je suis venu avec mes nobles compagnons, reprendre par la force les biens de l'homme et du citoyen.

« Vous avez abattu ma personne, mais vous n'avez pas abattu mon droit.

« Vous m'avez mis hors de votre loi, comment votre loi pourrait-elle me juger ? Proscrit, je parle à des Français. Accusé, je ne vous reconnaîtrais pour un tribunal compétent que si vous étiez le peuple ou délégué du peuple. Vaincu, je ne suis pas votre justiciable, je ne suis que votre prisonnier.

« Empereur ou citoyen, j'aurais versé avec joie mon sang sur le champ de bataille pour la gloire et pour la liberté du peuple français. Persécuté, condamné, exilé, je fais ce que je dois à mon nom, à mon droit, à mon épée, et j'aurai le courage de mes revers. »

Chose remarquable ! cette défense chevaleresque écrite il y a quinze ans, pendant que le prince était proscrit et prisonnier, est l'expression exacte de ce qui se passe aujourd'hui. On dirait qu'en écrivant ces lignes, M. de Cormenin prévoyait l'avenir.

XIX.

Une prison en France! tel était le dénoûment de ces entreprises téméraires et chimériques! tel était le réveil de ce rêve impérial! Le nouveau prisonnier accepta son sort avec dignité : pas une plainte ne lui échappa; il semblait suivre sa destinée. Le donjon de Ham, loin de l'effrayer ou de l'attrister, lui apparaissait comme une des fatalités de sa vie, et peut-être aussi comme une des étapes de sa fortune. C'était un décor qui surgissait à l'heure marquée et au coup de sifflet du grand machiniste, sur la scène de l'histoire vivante, et qui devait concourir à la déduction des combinaisons mystérieuses et des péripéties diverses du drame dont il était le héros. Ham était pour lui sur le chemin de l'Élysée. Cet intérieur de prison était sombre et silencieux comme l'aspect extérieur du donjon. Le prince Louis-Napoléon Bonaparte habitait l'intérieur du fort avec un ami fidèle et dévoué de son malheur, le docteur Conneau, qui est aujourd'hui un ami sincère et désintéressé de sa fortune. Le docteur Conneau était une de ces natures délicates et élevées que la science agrandit et vivifie au lieu de les dessécher; il s'était attaché à cette cause sans ambition, sans prétentions, sans passion, par le seul entraînement de ses préférences et par la seule impulsion de ses idées; il veillait nuit et jour sur le fils de la reine Hortense, avec cette sollicitude tendre et infatigable que le cœur seul inspire et qui est plutôt un sentiment qu'un devoir; il était plus qu'un compagnon de captivité et plus qu'un médecin : il était un ami. C'est lui qui, plus tard, prépara et seconda le plan d'évasion qui réussit si complétement. Traduit devant la justice pour cette noble faute, il fut excusé par elle, parce qu'il était absous d'avance par la conscience et par le cœur de ses juges.

XX.

Rien ne fera mieux connaître la prison de Ham que les échos qui s'en échappaient à de rares intervalles. Louis-Napoléon Bonaparte entretenait quelques correspondances intimes. J'ai puisé à pleines mains dans l'une de ces correspondances; j'ai détaché quelques extraits qui serviront mieux que toute autre chose à caractériser l'homme.

Voici une lettre qui commence comme une élégie. Mais la plainte est bientôt étouffée dans le stoïcisme :

« Ham, le 14 août 1841.

« ..... Ma vie se passe ici d'une manière bien monotone, car les rigueurs de l'autorité sont toujours les mêmes; cependant je ne puis pas dire que je m'ennuie, parce que je me suis créé des occupations qui m'intéressent : j'écris des réflexions sur l'histoire d'Angleterre, et puis j'ai planté un petit jardin dans un coin de mon réduit. Mais tout cela remplit le temps sans remplir le cœur, et quelquefois on le trouve bien vide de sentiments.

« Je suis bien sensible à ce que vous me dites sur la bonne opinion que j'ai laissée de moi en Angleterre, mais je ne partage pas votre espoir sur la possibilité de revoir bientôt ce pays, et malgré tout le bonheur que j'éprouvais à m'y trouver, je ne me plains nullement de la position que je me suis faite, et je m'y résigne complétement.

« LOUIS-NAPOLÉON BONAPARTE. »

Toujours le même sentiment de résignation et la même impassibilité de conscience! « Je ne me plains nullement, » dit-il; telle est, en effet, sa foi en sa destinée, que, prisonnier à Ham, il s'applaudit de son sort, même quand le sort l'a trahi. « Ici, je suis à ma place! » avait-il écrit à une femme dont le cœur plaignait son infortune. Aussi quelle sérénité d'esprit! A peine sent-on quelquefois une émotion de sa captivité dans les confidences de son âme.

Il venait de lire dans un livre de M. Saintine l'histoire intime d'un prison nier. Cela le ramenait à sa situation. Loin d'en être troublé, il n'en est que plus calme et plus stoïque. Qu'on en juge :

« Ham, le 22 mai 1841.

« .... J'ai lu le livre *Picciola*, dont vous me parlez, et j'ai été enchanté de ce style si simple et si élégant qui diffère tant des ouvrages du jour. C'est qu'en effet la littérature n'est que la voix de la société, et lorsque la société a des convulsions et des quintes de toux, sa voix doit s'en ressentir.

« Je suis cependant plus heureux que le prisonnier héros de l'auteur de *Picciola*, et on respecte mes fleurs soigneusement. Je pourrais déjà cueillir un bouquet digne du jardin de lady.... Je me vante peut-être un peu, mais c'est que je vois mes oignons avec des yeux paternels....

« LOUIS-NAPOLÉON BONAPARTE. »

Le temps marchait cependant, et le

poids des jours s'accumulait sur cette destinée. C'est en vain que l'âme est forte. Elle ne résiste pas à cette uniformité désespérante qui l'étouffe. Il n'y a, pour les caractères les mieux trempés, qu'une somme de courage et de patience. Ce capital s'épuise vite quand il n'est pas renouvelé par la vie active, par ses bonheurs, par ses excitations, par ses désirs, par ses espérances et par ses illusions. Après cinq années d'isolement, d'inaction de l'esprit et du corps, de jours sans soleil et de repos sans calme, Louis-Napoléon Bonaparte laisse échapper une plainte. Pour la première fois, sa nature est vaincue par le sort. Il n'existe plus que par l'étude. L'avenir, pour lui, n'a plus d'horizon ni de lumière. « J'étouffe! » s'écrie-t-il. Écoutons :

« Ham, 26 janvier 1845.

« Les années s'écoulent avec une désespérante uniformité, et ce n'est que dans ma conscience et mon cœur que je trouve la force de résister à cette atmosphère de plomb qui m'entoure et m'étouffe. Cependant l'espoir d'un meilleur avenir ne m'abandonne pas, et j'espère qu'un jour je pourrai encore vous revoir et vous renouveler, avec mes remercîments pour votre bonne amitié, l'assurance de mon tendre et respectueux attachement.

« LOUIS-NAPOLÉON BONAPARTE. »

XXI.

Le 26 mai 1846, un homme aux traits accentués, au front pensif et sombre, au regard profond, voilé et réfléchi, à la démarche roide, vêtu d'une blouse, portant une planche sur son dos, descendait l'escalier du fort, traversait d'un pas calme et mesuré les cours du donjon, à travers les rangs des soldats qui les remplissaient, passait devant les sentinelles et s'éloignait rapidement en pleine campagne dans la direction de Saint-Quentin. Cet homme, c'était Louis-Napoléon Bonaparte, le neveu de l'empereur et le futur président de la République française!

Le 24 février 1848, un autre homme sortait furtivement aussi, non plus d'une prison, mais d'un palais, pour monter en fiacre sur la place de la Révolution, à peu près au même endroit où Louis XVI était monté sur un échafaud, et pour s'en aller errant et fugitif sous un déguisement semblable à celui qui avait servi au prisonnier de Ham, attendre une humble barque qui le transportât en Angleterre : cet homme, c'était Louis-Philippe d'Orléans, roi des Français!

Quelles dérisions du sort! quelles surprises de fortune! quels caprices du destin, ou, pour mieux dire, quelles leçons de Dieu! Inclinons-nous et humilions-nous! Reconnaissons dans ces coups de la Providence quelque chose de plus que le hasard! Comment n'y reconnaîtrionsnous pas cet enchaînement mystérieux et providentiel des effets et des causes qui montre la souveraineté éternelle du droit et de la justice jusque dans les accidents les plus inattendus et les révolutions les plus imprévues? Ces événements, qui se succèdent si rapides et si confus, étonnent la raison d'abord et déconcertent la logique humaine; mais, en y regardant de près, on y retrouve toujours la trame éternelle de la civilisation, de la liberté et du progrès. C'est la main de Dieu qui en noue les mailles; la main du temps ne saurait les rompre.

XXII.

Personne, excepté le docteur Conneau et le valet de chambre du prince, ne connaissait le projet d'évasion. La veille, le prince était entré dans la chambre du général Montholon, vieil ami de son nom et compagnon de son infortune, voué à son expiation après s'être dévoué à ses témérités. Il l'avait embrassé avec effusion ainsi que Mme la comtesse de Montholon, noble et généreuse compagne volontaire de la captivité de son mari, comme l'avait été avant elle dans le même lieu une autre femme héroïque, Mme la princesse de Polignac. Cette effusion n'était pas habituelle à Louis-Napoléon Bonaparte. Le général Montholon et sa femme en firent la remarque. Ils eurent un soupçon vague; le lendemain, quand ils apprirent l'évasion, le prisonnier de Ham avait franchi la frontière française et se dirigeait vers l'Angleterre par la Belgique.

Le caractère que j'étudie se dessine encore dans une lettre extrêmement curieuse dont j'ai reçu communication. Évadé de Ham et réfugié en Angleterre, Louis-Napoléon ne se considère pas comme un fugitif. C'est un prétendant qui désarme. Il offre *la paix* au gouvernement français. Il déclare que son intention n'est pas de recommencer *la guerre*. Voici comment il s'exprime en s'adressant à M. de Saint-Aulaire, alors ambassadeur à Londres :

« Londres, 19 mars 1846.

« MONSIEUR LE COMTE,

« Je viens déclarer avec franchise à l'homme qui fut l'ami de ma mère que si j'ai quitté ma prison, ce n'était point pour recommencer contre le gouvernement français une guerre qui a été désastreuse pour moi, mais uniquement pour pouvoir aller soigner mon vieux père.

« Avant de prendre cette détermination, j'ai fait tous mes efforts pour obtenir du gouvernement la permission d'aller à Florence, et j'ai offert toutes les garanties que mon honneur me permettait de donner; mais enfin, voyant que mes démarches étaient infructueuses, j'ai eu recours à ces moyens extrêmes que déjà, sous Henri IV, le duc de Nemours et le duc de Guise surent employer dans des circonstances semblables.

« Je vous prie, monsieur le comte, d'informer le gouvernement français de mes intentions pacifiques, et j'espère que cette assurance que je viens de mon plein gré vous donner hâtera la délivrance des amis que j'ai laissés en prison.

« LOUIS-NAPOLÉON BONAPARTE. »

XXIII.

Puisque j'ai cité des correspondances inédites du prisonnier de Ham, je veux encore faire connaître une admirable page dont la date est plus ancienne que celle des lettres que je viens de publier, mais qui n'a pas besoin d'être récente pour être toujours actuelle comme la noblesse des sentiments qu'elle exprime. Cette lettre a été adressée de New-York au colonel Vaudrey, après l'expédition de Strasbourg, dans laquelle cet officier avait pris une part si active. Elle est admirable d'élévation, de loyauté, de stoïcisme. Elle avait été jusqu'à présent retenue comme une confidence. Il suffit de la publier pour qu'elle devienne immédiatement historique.

« New-York, le 15 avril 1837.

« MON CHER COLONEL,

« Vous ne sauriez vous imaginer combien j'ai été heureux en apprenant votre acquittement en débarquant aux États-Unis; pendant quatre mois et demi je n'ai cessé un moment d'être péniblement préoccupé de votre sort. Dès le moment où j'ai été mis en prison jusqu'à mon départ de France, je n'ai cessé de faire tout ce qui dépendait de moi, pour alléger la position de mes compagnons d'infortune, et, tout en intercédant en leur faveur, je n'ai rien fait, comme vous pouvez le croire, qui soit contraire à la dignité du nom que je porte. Avant de m'embarquer, je vous ai écrit en adressant ma lettre au procureur général Rossé; il ne vous l'a pas remise, car elle aurait pu être utile à votre défense. Quelle infamie ! — Quant à moi, on m'a bien fait voyager pour m'empêcher de communiquer avec vous avant la fin du procès; mais je ne m'en plains pas; j'étais sur un vaisseau français, c'est une patrie flottante.... Et voyez la bizarrerie des sentiments humains : dans ma malheureuse entreprise, deux fois seulement mes larmes ont trahi ma douleur; c'est lorsque entraîné loin de vous, je sus que je ne serais pas jugé, et lorsqu'en quittant la frégate, j'allais recouvrer ma liberté.

« La lettre que vous m'avez écrite m'a fait le plus grand plaisir; je suis heureux de penser que tout ce que vous avez souffert n'a pas altéré l'amitié que vous me portiez et à laquelle j'attache un si haut prix.

« Pendant deux mois j'ai navigué entre les tropiques sous le vent de Sainte-Hélène. Hélas! je n'ai pas pu apercevoir le rocher historique; mais il me semblait toujours que les airs me rapportaient ces dernières paroles que l'empereur mourant adressait à ses compagnons d'infortune.... « J'ai « sanctionné tous les principes de la Révo- « lution, je les ai infusés dans mes lois, « dans mes actes; il n'y en a pas un seul « que je n'aie consacré; malheureusement « les circonstances étaient graves.... La « France me juge avec indulgence, elle « me tient compte de mes intentions, « elle chérit mon nom, mes victoires : « imitez-la, *soyez fidèles aux opinions « que nous avons défendues*, à la gloire « que nous avons acquise; il n'y a hors « de là que honte et confusion! »

« Ces belles paroles, colonel, vous les aviez bien comprises!

« Me voilà donc en Amérique, loin de tout ce qui m'est cher; j'ignore encore ce que j'y ferai et combien de temps j'y resterai. Dans tous les cas, colonel, et dans quelque pays que je me trouve, vous aurez toujours en moi un ami sur lequel vous pouvez compter, et qui sera fier de vous donner des preuves de ses sentiments.

« Adieu, colonel, servez encore la France; moi, je ne puis plus faire que des vœux pour elle. Adieu, ne m'oubliez pas.

« Votre ami,

« NAPOLÉON-LOUIS BONAPARTE. »

« *P. S.* Je n'ai pas besoin de me laver à vos yeux des calomnies dont j'ai été l'objet; on ne pouvait me faire souscrire à aucun engagement, puisque je demandais à rester en prison; d'ailleurs on n'a pas même tenté de le faire. On m'accuse d'avoir *intrigué*. Mais M. Thiers me défendra, lui qui dit, vol. II, page 119 : « Tout parti « obligé d'agir dans l'ombre est réduit à « des démarches qu'on appelle *intrigues* « quand elles ne sont pas heureuses. »

« On maudit mon entreprise; mais M. Thiers me défendra, lui qui, en parlant des honneurs rendus au cercueil de Marat, s'exprime ainsi : — « Et si l'histoire

« rappelle de pareilles scènes, c'est pour « apprendre aux hommes à réfléchir sur « l'effet des préoccupations du moment « et pour les engager à bien s'examiner « eux-mêmes, lorsqu'ils pleurent les puis- « sants ou maudissent les vaincus du « jour. » (Tome V, page 87, 4e édition, de l'*Histoire de la Révolution.*)

« Quand l'avenir fuit devant vous, c'est dans le passé qu'on trouve des consolations! Adieu! adieu! »

XXIV.

Naguère, les prétendants se préparaient au gouvernement par des conquêtes; aujourd'hui ils s'y préparent par des études. Un bon livre est un meilleur titre qu'une glorieuse bataille, et il devient plus utile, pour gouverner, de bien penser que de bien combattre.

Louis-Napoléon Bonaparte est un écrivain remarquable. La réflexion de son esprit, la sûreté de son jugement, l'impassibilité de sa conscience, l'inflexibilité de sa conviction, son goût pour ce qui est noble, généreux et grand, se retrouvent dans toutes les pages sorties de sa plume. Il est moins artiste que poëte, et philosophe qu'observateur et penseur. Chez lui, la puissance du style n'est que la force de la pensée. Il ne peint pas, il grave. Il écrit comme il agit. Le mot exact, dans sa nuance la plus vraie, ne manque jamais à l'idée qu'il exprime. Ses œuvres n'ont rien d'étincelant, ni d'éblouissant, mais elles sont remplies de formules nettes comme des axiomes, et de conclusions simples et pratiques comme des maximes.

Déjà, avant les affaires de Strasbourg et de Boulogne, Louis-Napoléon Bonaparte avait publié divers écrits qui annonçaient un esprit sérieux et élevé. Les *Rêveries politiques* et les *Études sur la constitution suisse* fixèrent sur lui l'attention; mais c'est surtout dans deux publications plus importantes qu'il révéla un talent réel et des connaissances approfondies : l'une de ces publications, intitulée *les Idées napoléoniennes*, fut en quelque sorte un manifeste entre ses deux tentatives comme pour excuser l'une et préparer l'autre. L'*Histoire de l'artillerie* est un travail tout spécial, qui est considéré par les hommes compétents comme l'un des traités les plus complets sur la matière. Louis-Napoléon a encore écrit un *Fragment sur l'histoire d'Angleterre*, une *Étude sur l'extinction du paupérisme*, une autre *sur l'impôt des sucres*, et beaucoup d'articles détachés sur les questions courantes de la politique.

Deux sentiments dominent dans ces ouvrages divers : la foi de la démocratie et l'enthousiasme de l'Empire. Aux yeux de son neveu, l'empereur, ce n'est pas un homme, c'est un peuple : aussi ne voit-il dans cette concentration formidable de puissance qu'il avait conquise et fondée sur l'autorité, que la puissance d'un peuple passée dans un homme. De ce point de vue, non-seulement il ne trouve rien à blâmer dans son oncle, mais encore il trouve tout à glorifier. Ses batailles, ses conquêtes, ses institutions, sa centralisation administrative, sa dictature sur l'esprit humain, lui paraissent irréprochables et légitimes. Ce n'est pas cependant qu'il pense que tout cela soit possible encore et que la souveraineté du droit doive s'absorber dans cette souveraineté de la force et de la gloire. Non! ce qu'il veut dans ses écrits, c'est une république impériale avec le suffrage universel pour base et l'hérédité pour sommet. Il semble que l'empire soit plutôt pour lui une institution qu'une prétention. Il ne place pas son droit dynastique au-dessus du droit populaire. Tout en se prévalant de son nom comme de son titre de noblesse, signé par la renommée et enregistré par l'histoire, il met dans le suffrage universel sa force, sa foi, son espérance et sa légitimité.

Jusqu'à présent il n'y a rien dans la conduite de Louis-Napoléon qui contredise cet esprit général de ses écrits. Il a toujours professé le plus profond respect pour la volonté de la nation; président ou empereur, il ne serait jamais que le représentant de sa souveraineté.

Si la dynastie des Bonaparte se fonde, elle ne sera que la dynastie du suffrage universel.

Louis-Napoléon a beaucoup écrit également sur l'économie politique. Il a profondément étudié les conditions de l'amélioration morale et matérielle du peuple. La propriété, l'industrie, le travail, l'assistance sous toutes les formes, le crédit foncier, les douanes, ont été tour à tour l'objet de ses investigations. Il y a quelques erreurs, à côté de beaucoup de vérités, dans les pages qu'il a consacrées à ces sujets si importants. L'expérience de l'homme d'État saura rectifier ce qu'il y avait de trop hardi dans l'initiative du réformateur. L'écrivain pouvait indiquer tout ce qu'il jugeait nécessaire. Le chef de gouvernement fera tout ce qui est possible. En politique comme en toutes choses, le possible est toujours le dernier terme du progrès.

Louis-Napoléon ne fait plus de livres, il fait du gouvernement. Il écrit des messages et prononce des discours officiels. Pour lui, ce ne sont pas des œuvres banales. Autrefois, quand le chef de l'État prenait la parole, il ne s'appliquait qu'à ne rien dire. La réserve était poussée si loin, qu'elle dégénérait en insignifiance. Plus un discours était insignifiant, plus il semblait habile et digne. Aujourd'hui, c'est bien différent : toutes les fois que Louis-Napoléon a pris la parole, il n'a pas craint de parler hardiment à l'esprit public. Ses messages et ses discours sont des chefs-d'œuvre de tact, de mesure, de bon sens pratique, de prévoyance et de vérité. Aucun ministre responsable, quelque éloquent qu'il fût, n'aurait réussi, comme lui, à caractériser les situations diverses sur lesquelles il a eu si souvent à s'expliquer. On sent qu'il tient la plume de la main ferme et éclairée qui tient le timon du pouvoir.

XXV.

Après son évasion de la prison de Ham, le prince Louis-Napoléon s'était rendu en Angleterre, c'est dans ce pays dont il aimait les mœurs et les habitudes, qu'il attendait avec une patience calme et une foi inaltérable, les retours de ses destinées. La captivité ne l'avait pas changé. Elle n'avait altéré ni la force de son âme, ni la bonté de son cœur. Il sortait de cette douloureuse épreuve, tel qu'il était, sans haines, sans rancunes, n'accusant jamais les hommes et ne doutant jamais de Dieu.

Cette attitude de Louis-Napoléon n'avait rien d'affecté ni rien de nouveau. En se montrant ainsi, il se montrait semblable à lui-même. Ce qu'il était en Angleterre après sa captivité, il l'avait été dans la solitude d'Arenemberg, dans ses hasards de Strasbourg, en Amérique, à Boulogne, sur les bancs de la Cour des pairs, dans la prison de Ham. Sa foi en sa destinée ne l'avait jamais abandonné.

Peu de jours après son arrivée en Angleterre, il était allé voir sa cousine lady Douglas, fille de la grande-duchesse Stéphanie de Bade. « Enfin, vous êtes libre, lui dit la jeune princesse ; vous résignerez-vous au repos ? Renoncerez-vous à ces illusions qui vous ont coûté si cher et dont les cruelles déceptions ont été si vivement ressenties de ceux qui vous aiment? — Ma cousine, répondit l'ancien prisonnier de Ham, je ne m'appartiens pas ; j'appartiens à mon nom et à mon pays. Parce que la fortune m'a trahi deux fois, ma destinée ne s'en accomplira que plus sûrement. Je l'attends. »

Cela faisait sourire. L'étoile de Louis-Napoléon était cachée à tous les regards, même à ceux de ses parents qui l'aimaient le plus ; lui seul la voyait et la suivait.

Survint la nouvelle de la révolution de février. Le nom d'un Bonaparte n'avait retenti dans cette révolution que pour subir l'outrage d'un ostracisme. *Pas de bonapartisme*, avait dit le gouvernement provisoire dans l'une de ses proclamations de l'Hôtel de Ville. Louis-Napoléon vit tout de suite la portée et le résultat de ce grand mouvement. En apprenant le renversement de Louis-Philippe, il dit à sa cousine, lady Douglas : « Avant un an je serai à la tête du gouvernement de la France. »

Le 10 décembre 1848, cette prédiction était réalisée. Ce jour-là l'Assemblée constituante qui avait voulu exclure Louis-Napoléon Bonaparte et qui ne lui avait ouvert ses rangs que pour l'étouffer dans ses dédains, le proclamait président de la République française.

Il était entré dans cette Assemblée, quelques mois avant, simple représentant, suspect à tous, inconnu de tous, seul ou presque seul au milieu des partis qui le repoussaient ou qui le redoutaient, et il en sortait chef du gouvernement, avec une majorité populaire formidable, mais avec une minorité parlementaire évidente.

L'élection du 10 décembre avait été unanime et magnifique comme un élan du peuple. Mais la situation qu'elle créait n'en était pas moins menaçante et terrible. Louis-Napoléon, sorti du scrutin populaire avec une sorte de dictature morale, l'avait loyalement abdiquée en prêtant serment à la constitution. Au lieu de se présenter en maître le 20 décembre, comme on l'y poussait, il s'était présenté comme l'homme de la constitution, et il renonçait à la force qu'il avait contre elle, pour se résigner à la faiblesse et à l'impuissance qu'il trouvait en elle.

La constitution de 1848 avait été combinée comme si le conflit des deux pouvoirs qu'elle organisait était inévitable. Elle avait traité le pouvoir exécutif comme un suspect. Elle avait dressé la sellette pour l'accusation; elle avait institué les juges pour la condamnation. La porte entr'ouverte de Vincennes apparaissait à travers les voiles dont elle avait couvert ses défiances. Un 10 août ou un 18 brumaire était écrit dans ces articles qui ressemblaient plutôt à un plan de guerre qu'à une table de la loi.

Il y avait donc à choisir pour le président de la République entre la révolte et la servitude. En se révoltant, il compromettait tout; en se soumettant, il ne réservait rien. L'une et l'autre de ces extrémités étaient également impossibles.

A cette époque, Louis-Napoléon n'avait que la force de son nom. L'armée humiliée par le 24 février, travaillée par l'esprit de désordre et d'indiscipline, n'avait pas encore repris, sous le commandement de ses chefs, ce sentiment du devoir qui l'a rendue héroïque. Les soldats recevaient les journaux après avoir fait l'exercice. Le club avait envahi les casernes. Les caporaux, au lieu de mériter de devenir sergents, ambitionnaient de devenir des législateurs. Rattier et Boichot allaient faire concurrence au maréchal Bugeaud pour les élections de la Seine.

Ainsi, il y avait tout à faire pour l'élu du 10 décembre, et la constitution qu'il avait jurée ne lui laissait que l'impuissance. Il y avait l'armée à discipliner, l'autorité à reconstruire, la religion à défendre, le socialisme à écraser, la révolution à contenir, les partis à dominer, l'Assemblée à vaincre, l'opinion à entraîner, et la France à sauver.

Tâche immense et glorieuse qu'aucun homme n'aurait pu accomplir avec la force de son génie, sans le secours de cette providence des peuples qui est le génie immortel du droit, de la justice et du progrès !

XXVI.

Louis-Napoléon Bonaparte avait trouvé six millions de voix dans l'urne du suffrage universel. Il avait un peuple pour son nom, mais il n'avait même pas un parti pour son œuvre et pour ses desseins. Le parti bonapartiste n'était encore qu'une force latente dans la nation. Il ne devait surgir que plus tard, dans la combinaison des événements.

La France aime la gloire, surtout quand elle la voit de loin. On ne se rappelait déjà plus ce qu'avaient coûté de larmes et de sang ces victoires qui ne sont plus que des souvenirs immortels coulés dans le bronze et dans l'airain, et des titres imprescriptibles de la souveraineté française sur le monde. La douleur des mères pleurant leurs fils ensevelis dans les neiges de Moscou, la tristesse des campagnes, privées des bras qui fécondent le sol, le poids, toujours si lourd à porter de la dictature militaire, même quand cette dictature s'appelle Napoléon, tout cela s'était effacé de la mémoire du peuple. Pour tous il ne restait que le grand empereur, le héros de cent batailles, chanté par Béranger, et dont l'image enluminée appendue aux murailles les plus humbles forme le musée de chaque chaumière. Louis-Napoléon apparaissait comme une légende vivante. Ce sentiment si profond, si vrai, si naïf, qui était l'orgueil de notre génération, après avoir été la passion de la génération précédente, ce sentiment est remonté à son nom et à sa personne, et l'a fait choisir entre tous et de préférence à tous.

Il y avait autre chose encore dans l'élection du 10 décembre; il y avait une protestation contre ce que la révolution de février avait produit de stérile, de négatif et de violent, et un instinct vague, mais irrésistible et puissant vers le principe d'autorité, une sorte de pressentiment de la force dans la gloire.

Un souvenir et un instinct : le souvenir de l'empereur; l'instinct de quelque chose de grand et de fort, par un gouvernement qui s'appellerait Bonaparte, alors même qu'il ne serait pas encore l'Empire : voilà le 10 décembre!

En résumé, Louis-Napoléon Bonaparte n'arrivait au pouvoir qu'avec la force d'un nom. Il devait bientôt s'y montrer avec la force d'un homme.

XXVII.

Une première question se présente. Je l'aborderai franchement et je la résoudrai sérieusement.

Louis-Napoléon était-il sincère dans le serment qu'il prêtait à la Constitution de 1848! Oui, il était sincère, toutes ses paroles, tous ses actes le prouvent. Sans doute il trouvait cette Constitution mauvaise. Il l'acceptait. Il ne l'approuvait pas. Il se réservait d'en préparer la modification. Il comptait sur les enseignements de l'expérience, sur le patriotisme et le bon sens du peuple français. Il y trouvait d'ailleurs un principe supérieur, qui le dominait et qui au besoin devait être l'instrument de salut du pays : ce principe était celui de la souveraineté de la nation.

Cette souveraineté dont il était la tête et le cœur lui laissait l'avenir. Il n'avait pas besoin d'usurper, il n'avait besoin que d'invoquer le droit de la France dans un moment suprême.

Respecter la Constitution, se servir d'elle contre les partis, attendre patiemment l'heure de sa révision légale, se soumettre à la volonté de la France, et, au besoin, en provoquer les manifestations par une initiative de salut public; voilà tout ce qu'il y avait dans la conscience du président de la République à l'heure solennelle où il a prêté serment devant Dieu et devant les hommes.

Y a-t-il eu autre chose dans ses actes? Voyons!

XXVIII.

Louis-Napoléon a beaucoup étudié la politique italienne; il y a en lui du Médicis, plus la bonté du cœur et la probité de l'esprit. Quoique sa nature soit pleine de décision, et sa vie pleine d'événements, sa conduite n'est jamais que le résultat de combinaisons profondément étudiées. Tout est étudié chez lui, même l'audace qui ne calcule rien. Il a dans sa tête les lignes de sa stratégie. Il les place et les déplace selon les circonstances; il prend et quitte les hommes aux heures marquées pour telle ou telle situation. Il sait où il va, et il marche avec une inflexible fermeté vers son but, l'œil morne, mais l'esprit ouvert et ferme.

Il y avait incompatibilité absolue entre les deux pouvoirs qui se trouvèrent en présence après l'élection du 10 décembre. Ces deux pouvoirs ne pouvaient vivre que dans la lutte sourde ou ouverte. L'un était la condamnation de l'autre. Louis-Napoléon élevé au fauteuil de la présidence par l'immense majorité de la nation, l'Assemblée constituante tombait immédiatement en minorité. Qu'allait faire l'élu du peuple? L'Assemblée était souveraine, même vis-à-vis de lui. Elle pouvait l'accuser. Allait-il, de son côté, l'humilier et l'opprimer? Enverrait-il sur les bancs ministériels, des hommes antipathiques à son esprit, non pour les rallier, mais pour les défier aux résolutions extrêmes? La pente était périlleuse. Louis-Napoléon sut s'y tenir sans y glisser. Il sut triompher sans lutter. L'Assemblée constituante abdiqua elle-même, et elle abdiqua après avoir voté l'expédition de Rome.

Pour atteindre un pareil résultat, le président avait employé un procédé habile. Il s'était servi de la main d'un ministère libéral, modéré, presque républicain, et que la République ne pouvait suspecter sans outrage, ni repousser sans injustice. M. Odilon Barrot qui présidait et personnifiait le cabinet du 10 décembre, semblait précisément l'une de ces arches du pont sur lequel la France devait passer de la monarchie à la démocratie. Royer-Collard l'avait un jour appelé Pétion. M. Odilon Barrot valait mieux que cela. Pétion, hésitant sans cesse entre le devoir et la popularité, n'eut de décision que lorsqu'il fallut choisir entre le déshonneur et la mort. Il choisit la mort. M. Odilon Barrot a plus que le patriotisme de l'échafaud ou de l'agonie, qui n'est qu'un patriotisme de parade sur un théâtre devant la postérité. Il a eu, dans plus d'une occasion, celui de la modération, de la prudence et du péril public : il l'a montré. Ce n'est pas l'heure de l'oublier.

M. Odilon Barrot rassura l'opinion et les républicains modérés. Son talent et sa probité rendirent la lutte possible contre la majorité des républicains exclusifs de l'Assemblée constituante. Cette majorité avait l'aspect d'une citadelle imprenable. Louis-Napoléon se garda bien d'en enfoncer les portes. Il fit mieux : il amena la garnison à lui en livrer les clefs et à se retirer en pleine campagne électorale où elle devait être infailliblement écrasée. C'est ce qui arriva.

XXIX.

Les républicains de la veille étaient vaincus. La majorité de l'Assemblée législative était renouvelée et changée. Le président avait atteint son but; il avait réduit ses ennemis à l'état de minorité dans la représentation nationale. Il avait mené à bonne fin l'expédition de Rome, offerte comme un gage à l'Europe monarchique et à la France catholique. Il avait triomphé le 13 juin d'une tentative d'insurrection sans une goutte de sang versé et sans une amorce brûlée. M. Ledru-Rollin était allé rejoindre à Londres MM. Caussidière et Louis Blanc, et la Montagne s'était écroulée dans le ridicule avant d'avoir lancé ses foudres et ses vengeances. C'était beaucoup que tout cela. Était-ce tout?

Non! Ce n'était que la première étape. Louis-Napoléon Bonaparte, affranchi de ses ennemis, devenait aussitôt suspect à ses alliés. Il y a des trames secrètes qu'il n'est pas encore permis de découvrir. Ma plume recule devant l'ombre d'un scandale ou d'une accusation. Je ne devancerai pas la main du temps qui seule peut écarter le rideau encore fermé sur certaines choses, plutôt entrevues que connues, et dont le regard se détourne encore comme de révélations qui troublent la conscience. Toutefois il est impossible de ne pas constater que dès le lendemain de l'investiture du nouveau pouvoir, le 29 janvier 1849, il se produisit une situation extrêmement critique. Qu'on se rappelle donc la physionomie étrange et sombre de cette journée! Une armée immense occupait tous les points de Paris; une ceinture de fer entourait la représentation nationale; le président de la République, sorti de l'Élysée, vers midi, passait sur le front des régiments comme un général à l'heure de la bataille. Une mise en scène immense se déroulait tout à coup comme par enchantement, pour quelque drame inconnu. Les légions étaient à leur poste. Le général Changarnier traitait alors fort dédaigneusement la souveraineté de l'Assemblée constituante. On n'attendait plus que César, mais César ne vint pas. Louis-Napoléon eut plus de conscience et de prévoyance que d'ambition. Averti quelques jours avant qu'il n'avait qu'à étendre la main pour prendre la couronne impériale sur la pointe d'une épée dévouée, il refusa énergiquement. A ceux qui le pressèrent, il répondit : « Non, pas encore. Mon titre me suffit. Je ne pourrais en recevoir un autre que de la volonté de la France et de la nécessité du salut social. »

XXX.

Ses alliés n'étaient pas ses amis. Louis-Napoléon le savait. Ce qu'il y avait de plus dangereux pour lui ce n'était pas d'être vaincu, mais d'être joué. Le message du 31 octobre qui, à cette époque, étonna l'opinion, fut en réalité la sortie imprévue et énergique d'un général assiégé par des ennemis masqués et cachés.

Un jour, au mois d'août, si mes souvenirs sont fidèles, M. le comte Molé vint triomphalement annoncer en pleine réunion parlementaire du conseil d'État, que la fusion était un fait accompli. Et M. Molé était l'un des conseillers de Louis-Napoléon! et ceux qui recevaient cette confidence se posaient comme les tuteurs de son gouvernement! Ainsi Louis-Napoléon n'était déjà plus aux yeux de la majorité qu'un factionnaire ayant pour mot d'ordre de garder la place jusqu'à ce que les partis vinssent la prendre. Un Monk, deux fois traître, à son pays d'abord et à son nom ensuite. Voilà le beau rôle que l'on réservait à l'élu du 10 décembre, à l'héritier de l'empereur Napoléon!

XXXI.

Mais avant d'engager la lutte contre Louis-Napoléon Bonaparte, il fallait d'abord lui enlever sa force vitale, celle dans laquelle il pouvait se retremper un jour pour s'identifier avec le peuple et vaincre avec lui. Il fallait en un mot détruire le suffrage universel. On sait comment la loi du 31 mai fut préparée. Je ne veux ici ni atténuer ni déplacer les responsabilités. La loi du 31 mai est-elle née dans les conseils du pouvoir exécutif, ou dans les conciliabules du pouvoir législatif? Est-ce celui-ci qui l'a proposée? Est-ce celui-là qui l'a préparée? Question puérile en vérité et que je n'ai pas à résoudre. Ce qui est certain, c'est que cette loi était faite contre le président; car elle ne supprimait pas seulement la moitié des électeurs qui avaient écrit et qui auraient encore écrit son nom sur leurs bulletins; elle fermait également la porte de la révision et par conséquent aussi celle de la réélection constitutionnelle. Que Louis-Napoléon ait eu la main forcée ou la main libre dans ce résultat, au fond le résultat était le même. Ce résultat, c'était de faire le président prisonnier de la majorité. M. Thiers, auquel personne ne refuse la clairvoyance, le comprenait bien ainsi. Trois millions d'électeurs restaient sur le carreau. On recouvrait les morts de mépris. Puis on écrivait sur leur mausolée : *vile multitude!* et on se frottait les mains comme si l'on était Charles-Quint venant de gagner la bataille de Pavie et de conduire François Ier dans une prison de l'Escurial.

La fatalité d'une solution extra-constitutionnelle était écrite dans la loi du 31 mai. Cette loi votée, il n'y avait plus de possible que la lutte implacable et sans merci entre les deux pouvoirs. Il fallait que l'un triomphât de l'autre. C'est bien ainsi que le comprit la majorité inspirée et dirigée par M. Thiers.

Voyez en effet comme l'attitude des partis change dès que cet acte fatal est accompli! Ils croient que Samson n'est plus à craindre. Dalila lui a coupé les cheveux ; et l'imprudent ne dormait même pas, car c'est lui qui a mis les ciseaux dans les mains de la perfide enchanteresse. Alors les partis s'agitent. Les intrigues s'ourdis sent. Les espérances se révèlent. Les prétentions s'imposent. Peu s'en faut qu'un modeste subside demandé par le président ne soit outrageusement refusé comme il le fut l'année suivante. L'intervention du général Changarnier prévient, seule, l'injure d'un refus, en rendant la donation plus injurieuse encore. Peu de jours après l'Assemblée se proroge. Une commission de permanence est nommée. On la compose avec affectation des noms les plus notoirement hostiles. On charge les amis de M. le comte de Chambord et les partisans de M. le comte de Paris de veiller sur la République et sur la constitution! Ces messieurs s'en vont tranquillement à Wiesbaden et à Claremont saluer et proclamer les royautés de leur foi, puis ils s'en reviennent et parce que quelques soldats crient : vive Napoléon! les voilà qui jettent le cri d'alarme sur la patrie en danger. Les trames les plus secrètes se nouent et se croisent dans tous les sens. Des terreurs fantastiques sortent de je ne sais quelles polices inconnues. M. Dupin joue au martyr et se persuade naïvement qu'on veut l'immoler. Le général Changarnier voit autour de lui des ombres armées de poignards. On dénonce le complot; on nomme les conjurés et leurs complices; on montre la main de l'Élysée dans ces forfaits imaginaires. On va jusqu'à annoncer que c'est avec l'argent du président que les assassins ont été soldés. Peu s'en faut que le président lui-même ne soit de la partie! Tout semble plein de mystères terribles, de trappes secrètes, de projets sombres, de conspirations homicides. Nous sommes en plein moyen âge.

XXXII.

Tout était perdu pour Louis-Napoléon, et tout était compromis pour la France, s'il n'avait pas répondu à ces audacieuses intrigues par l'audace plus grande encore d'un coup d'autorité décisif. Avec la sûreté de son tact et la décision de sa volonté, il n'hésita pas, et il brisa l'épée du général Changarnier. La crise parlementaire qui s'ensuivit ne servit qu'à constater l'impuissance du parlement. M. Baroche qui porta avec un admirable talent et un patriotique courage le poids de cette discussion contre l'effort de tous les chefs coalisés de la majorité, n'avait trouvé qu'une voix éloquente pour le soutenir : ce fut celle de M. de Lamartine. Il défendit le terrain pied à pied, et en succombant il trouva encore une majorité dans la majorité. Trois cents voix se prononcèrent pour l'Élysée. Les autres appartenant aux opinions monarchiques étaient rejetées, sans autorité, sans crédit et sans honneur à une alliance avec la Montagne. Le palais Bourbon s'affaissait ainsi dans sa propre victoire, et le vote de défiance qu'il avait obtenu, par l'effet d'une coalition sans principe, sans but et sans liens, n'était que le témoignage de son affaiblissement moral et le présage certain de sa défaite.

Le jour où la destitution du général Changarnier fut annoncée à l'Assemblée nationale comme une chose résolue, les chefs de la majorité se réunirent précipitamment et décidèrent qu'ils feraient une tentative suprême près du président. MM. Thiers, Molé, de Broglie, Berryer, Montalembert, se rendirent donc à l'Élysée. Ils y furent reçus avec cette politesse bienveillante et digne qui inspire la confiance sans permettre la familiarité, ni l'abandon. Louis-Napoléon avait affaire à forte partie. Il avait à soutenir le choc des paroles les plus éloquentes et des expériences les plus éprouvées de notre époque. Il écouta tout avec le calme le plus inaltérable. Ses éloquents interlocuteurs prirent tous la parole les uns après les autres, dans cette solennelle entrevue.

Ils lui dirent tout ce qui pouvait être dit pour l'ébranler et pour l'entraîner. Ils offrirent la paix ; ils annoncèrent la guerre ; ils montrèrent les enseignements du passé, les difficultés du présent, les périls de l'avenir ; ils se firent tour à tour suppliants et menaçants. Ces flots de paroles ne coulèrent de leurs lèvres que pour glisser sur l'acier. Tout fut inutile, rien ne fut changé.

Un des amis les plus dévoués de Louis-Napoléon attendait dans une pièce voisine, avec plus de curiosité que d'anxiété, les détails de cette visite dont il savait d'avance le dénoûment. Il les reçut du prince lui-même, qui termina ainsi son récit : « Il n'est pas d'arguments désespérés qu'ils n'aient invoqués. Croyez-vous que l'un d'eux est allé jusqu'à me menacer du sort de ce pauvre roi Charles X ?... Il est vrai que celui-là avait bien envie d'être mon Polignac ! »

XXXIII.

La loi du 31 mai est une nouvelle prison de Ham pour Louis-Napoléon. C'est une prison dont le général Changarnier tenait la clef. Le noble et hardi prisonnier n'a pu s'évader encore; mais en destituant le chef militaire qui n'avait pas craint de se poser comme le champion de l'usurpation parlementaire, il a réussi déjà à se débarrasser du factionnaire qui lui ferme la pleine campagne du suffrage universel. Maintenant il n'a qu'à vouloir pour pouvoir.

A cette heure, il y a encore un moyen de salut pour tous, pour le président, pour la majorité, pour la République, pour la société. Que le président de la République propose résolûment le rappel de la loi du 31 mai; que la majorité s'unisse à la minorité pour l'accorder; que la minorité se joigne à la majorité pour voter la révision; que Louis-Napoléon, devenu légalement rééligible, puisse être réélu sans que la constitution succombe dans le scrutin, et que l'Assemblée, au lieu de s'exposer à tout compromettre, se résigne à tout sauver en s'appuyant patriotiquement sur l'immense popularité d'un nom qu'elle doit aimer, et sur l'incontestable supériorité d'un homme qu'elle doit estimer! Alors tout deviendra facile, parce que rien n'est impossible au droit, au bon sens et à la nécessité.

Je sais bien que l'on craint de voir sortir le socialisme du suffrage universel. Le socialisme est menaçant, en effet, par plus d'un côté, et je ne m'aveugle pas sur ce qu'il faut attendre de ses systèmes insensés, de ses appétits furieux, de ses vengeances sinistres, de ses désespoirs extrêmes. Mais sait-on pourquoi il est menaçant? c'est surtout parce qu'on lui laisse une arme formidable. Oui, à l'heure qu'il est, le socialisme est armé du suffrage universel;

empêchons-le d'arriver avec cette force usurpée, car qui pourrait répondre qu'elle ne lui donnât pas la victoire? Les combattants de juin n'étaient pas à craindre parce qu'ils avaient disputé leurs barricades avec une intrépidité horrible et sauvage. Ils avaient écrit sur leur drapeau : *Guerre aux riches et droit au travail!* une stupidité et un mensonge. Mais les insurgés de de 1851 écrivaient sur le leur : *Droit commun et souveraineté de la nation!* Ils ramassaient une vérité pour en faire l'étiquette de la violence et de la destruction. Dissimulées sous cette étiquette, les terreurs sanglantes et les anarchies odieuses auraient plus de chances de passer. La révolution se cacherait sous la République ; la démagogie prendrait le masque de la démocratie.

Arrachez-le ce masque d'une main ferme, pouvoir exécutif et pouvoir législatif! Empêchez que la révolution ne nous surprenne sous la figure de la République, et que la démagogie ne passe, de gré ou de force, avec des bulletins ou avec des balles, par la ruse ou par la violence, dans le scrutin de 1852, en se revêtant de l'armure du suffrage universel! Est-ce donc si difficile? Non; il suffit pour cela que la France soit replacée dans la liberté et dans la dignité de son droit, et qu'elle puisse manifester sa volonté sans entraves, sans entraînement et sans agitation. Alors le socialisme ne sera plus qu'une fiction. Toutes les recrues que le trouble des esprits, la confusion des systèmes et la défaillance des caractères leur ont envoyées depuis trois années, se détacheront de lui et reviendront à la cause de la civilisation et du progrès.

Ce qui fait les élections, ce n'est pas le nombre des électeurs; c'est le courant de l'opinion. Il n'y avait que quatre-vingt mille électeurs lorsque le roi Charles X engagea avec la majorité des 221 le conflit fatal qui devait jeter sa monarchie sur la plage de Cherbourg. Une révolution était sortie de cette petite urne qui contenait à peine un centième de peuple, et encore la partie du peuple qui, par ses intérêts et par ses mœurs, devait être la plus antirévolutionnaire. Qui pourrait dire ce qui sortirait d'une élection faite sans le rappel de la loi du 31 mai? A supposer que cette loi fût respectée, il n'en est pas moins vrai qu'une irritation sourde fermente dans les masses; cette irritation se retrouvera infailliblement dans le scrutin; elle le troublera; elle le corrompra; elle l'empoisonnera; elle en fera sortir la haine, la vengeance et la violence.

Que cette loi fatale soit rapportée, et président et majorité pourront encore, unis ensemble, triompher de tous les périls et sauver la société!

XXXIV.

Mais je ne me fais aucune illusion. A mes yeux le rappel de la loi du 31 mai et la révision de la constitution ne sont que des moyens, et non des résultats. Ces moyens, je les indique pour arriver au but qui apparaît à tous les esprits sérieux comme une nécessité impérieuse de salut social. Je résume ce but d'un seul mot : fonder un gouvernement.

Éloignons pour un moment les images sinistres de guerre civile ; étouffons sous nos pieds cette menace d'insurrection que la main des factions tient suspendue sur la date de 1852 comme une vengeance de la constitution mutilée et de la République outragée ; admettons que tout ira pour le mieux au gré des intérêts dont les espérances ou les craintes s'attachent à cette époque comme à celle de leur perte ou de leur délivrance ; supposons que tous ces périls si redoutés ont été prévenus. Oui, la loi a été respectée, l'urne n'a pas été ensanglantée; le président de la République a été réélu; toutes les intrigues ont échoué; les deux grands pouvoirs de l'État sortis du vote de la nation vont recommencer une nouvelle carrière; le pouvoir législatif a trois années devant lui; le pouvoir exécutif a quatre années. Est-ce tout? La France sera-t-elle rassurée? la République sera-t-elle consolidée? la démocratie sera-t-elle dirigée? le socialisme sera-t-il désarmé? le gouvernement sera-t-il fondé?

Non! même avec tout cela, même avec tous ces résultats qui dépassent de beaucoup les prévisions de l'optimisme le plus exagéré, même, disons le mot, avec toutes ces impossibilités qui ne pourraient devenir réelles et possibles que par un miracle de Dieu, le pays n'aurait rien fait, ou presque rien, pour son salut. Le pays aurait une Assemblée hostile au socialisme, un président dévoué à l'ordre. Aurait-il un gouvernement? Qu'est-ce donc qu'un gouvernement? Est-ce seulement un homme qui agit ou qui exécute? est-ce seulement une Assemblée qui discute et qui délibère? C'est cela sans doute, mais c'est plus encore. Un gouvernement, c'est surtout un ensemble d'institutions fondées sur le droit et combinées de manière à garantir la société par la justice, la stabilité par la liberté, l'autorité par l'unité dans l'harmonie de toutes les forces dont le pays se compose.

Si ces forces sont organisées de telle sorte, qu'au lieu de produire l'harmonie, elles doivent nécessairement produire la lutte; et qu'au lieu de manifester l'opinion, elles la dénaturent, alors ce n'est plus un gouvernement, ce n'en est que le nom. Pour un pays ainsi gouverné, il y a sans doute des heures de repos et de paix, des illusions de fortune et de grandeur, il n'y a pas de base sous ses pieds pour le porter; il n'y a pas d'espace devant lui pour qu'il se développe et qu'il marche. Non! ce n'est pas là un gouvernement ni une République! Une République suspendue sans cesse entre une usurpation et une révolution n'en est pas une; elle n'en aurait que le mauvais côté, l'instabilité, la mobilité, l'agitation, la fièvre, la passion; elle n'en aurait pas le bon côté, c'est-à-dire la puissance morale de l'opinion passant dans l'autorité et faisant la puissance inviolable de la loi.

Que pourrions-nous espérer, en effet, de tous ces résultats, en supposant qu'ils fussent obtenus sans lutte, sans crise, dans le calme et la confiance du pays? Tout au plus nous recommencerions la période qui touche à son terme. La France est-elle bien satisfaite de ces trois années? Veut-elle perpétuer la situation qu'elles ont créée? Croit-elle qu'il n'y a rien de mieux à faire? Ces conflits sans cesse renaissants; ces intrigues ourdies par l'ambition et masquées de faux semblants de patriotisme; ces coalitions contre le principe même de la constitution, tantôt avec le gouvernement pour l'égarer, tantôt contre lui pour l'entraver et le perdre; ces brigues électorales qui substituent la tyrannie d'une coterie à l'inclination de l'esprit public; ces paniques suspendues à chaque scrutin où la société paraît jouer une partie de désespoir; ces anxiétés qui attendent et qui prévoient une catastrophe toujours prête pour le lendemain; en un mot, tous ces symptômes, tous ces faits, tous ces troubles qui se retrouvent à chaque jour de ce passé de trois années, prouvent-ils que la vie politique du pays soit dirigée et réglée selon les lois de sa nature, selon les impulsions des idées et des mœurs dont elle est formée, selon les besoins de sa civilisation et les necessités sociales dont elle doit tenir compte pour avancer sans tomber, pour innover sans détruire, et pour conserver sans immobiliser?

Eh bien! cette situation elle-même, cette situation que je n'hésite pas à déclarer mauvaise parce qu'elle est fausse, tourmentée, contestée, ne pourrait se reproduire qu'en s'aggravant. Elle ne retrouverait ses forces qu'affaiblies et dénaturées. Elle trouverait les périls qui l'ont ébranlée, agrandis et fortifiés. Est-ce que dans cette diversion des partis et cette lutte des pouvoirs, le président de la République, quel qu'il soit, réunira six millions de voix comme l'élu du 10 décembre? Est-ce que cette seconde élection, faite dans de telles circonstances, sera unanime comme la première? Est-ce que les partis s'effaceront et abdiqueront comme en 1848 devant un intérêt commun de résistance sociale? Est-ce qu'une Assemblée législative sortie du suffrage restreint, aura la même autorité que l'Assemblée actuelle sortie du suffrage universel? Est-ce que la réaction usée par ses propres œuvres, sera aussi puissante qu'au lendemain de ces odieuses et sanglantes journées de juin qui avaient fait reculer l'esprit public jusque dans son camp? Est-ce que la révolution sera autant humiliée? Est-ce que le socialisme sera autant dédaigné? Est-ce que les rois resteront inébranlables sur leurs trônes et les peuples impuissants dans leur rôle? Est-ce que, en un mot, ces courants de la démocratie, aujourd'hui à peine contenus et mal dirigés, ne grossiront pas assez pour emporter leurs digues et pour déborder en insurrection et en révolution dans le monde?

Il est impossible de ne pas apercevoir derrière la date de 1852, tout ce que je viens de montrer dans ce rapide tableau, si cette date, au lieu de marquer la fondation d'un gouvernement, marque la prolongation de la situation présente, situation éphémère, incertaine, sans base, sans horizon et sans lumière.

XXXV.

Fonder un gouvernement! voilà le but. Ce but est si important qu'il faut tout lui sacrifier, tout, excepté le droit et la justice. Nous lui sacrifierions, nous, volontiers, nos préférences si nous en avions. Que les partis en fassent autant! Qu'ils étouffent leur égoïsme et qu'ils s'abandonnent à leur patriotisme.... Ah! je ne leur fais pas cette injure de croire qu'ils veuillent triompher à tout prix, même au prix de l'anarchie, qui les vengerait peut-être les uns des autres, mais qui, en trompant leurs illusions, les ensevelirait dans leur vengeance. Ce qu'ils veulent avant tout, c'est que la France vive, sûrs qu'ils sont de vivre en elle de cette vie nationale qui nous est commune, et qui nous soulève au-dessus de nos misérables divisions pour nous réunir dans le sentiment de la patrie et de l'humanité. Pour que cela soit, il faut fonder un gouvernement qui protége tout le monde sans exclure ni opprimer personne.

Autrement nous aurons la révolution en permanence, sous une forme ou sous une autre, avec un nom qui sera son masque ou son enseigne. Nous n'aurions ni une République, ni un gouvernement. La France sera à la merci du hasard. Ce n'est pas l'avenir qu'elle aurait devant elle, c'est l'inconnu. Elle tremblera à toutes les échéances de pouvoir. Elle verra un abîme dans chaque scrutin, et elle arrivera bientôt à la plus déplorable de toutes les situations pour un peuple déjà mûr, c'est-à-dire au doute d'elle-même, à ce doute, qui est le commencement de l'impuissance, car il est le signe de la caducité dans les nations comme dans les hommes, et qui, pour ceux-ci comme pour celles-là, est le présage certain de la décadence.

Les formes sont mobiles. Les partis se transforment ou s'éteignent. Les plus hautes importances et les plus éclatantes popularités passent au pouvoir comme les pilotes sur un vaisseau. La monarchie constitutionnelle succède à la monarchie traditionnelle, la démocratie à la bourgeoisie, la République à la royauté. Mais au milieu de cette rotation éternelle, qui est celle du temps et de l'humanité, il y a un gouvernement en permanence, c'est celui du droit, de la justice, du bon sens et de la nécessité.

La France l'attend. Que l'Assemblée le rende possible et que Louis-Napoléon le rende certain!

XXXVI.

Résister à ce qui est nécessaire est une faute. Résister à ce qui est juste est un crime. Ce crime et cette faute seront évités. C'est mon vœu le plus sincère. Assez de gouvernements ont été maudits dans l'histoire; il doit être doux de mériter la reconnaissance d'un peuple et le respect d'une postérité. Il est temps encore. Mais l'aiguille court vite sur le cadran de la vie d'un peuple. Hâtons-nous. Les regrets les plus sincères ne sont souvent que d'éternels et stériles remords.

N'oublions pas la réponse mémorable du général La Fayette au duc de Mortemart, venant lui apporter, de la part du vieux roi, le retrait des ordonnances et lui proposant un ministère Casimir Périer. La Fayette répondit par le mot inflexible du Destin : *Il est trop tard!*

Il fut trop tard aussi pour le roi Louis-Philippe, le 24 février 1848, quand il signait son abdication qui ne servit qu'à précipiter une chute qu'il eût été si facile de prévenir plus tôt par une concession.

Ces grandes leçons ne seront pas perdues, car c'est la France qui est en cause. Il ne sera pas trop tard pour son salut, quelle que soit la main qui l'assure et qui l'accomplisse.

XXXVII.

Si Louis-Napoléon avait suivi moins discrètement la logique de sa situation, s'il en avait compris largement et résolûment les nécessités, à l'heure où j'écris ces lignes[1], le rappel de la loi du 31 mai ne serait pas seulement annoncé comme une espérance, il serait accompli comme un acte de prévoyance et de réparation. Alors, tout serait décidé. La révision qui paraît impossible aujourd'hui, serait inévitable. Une nouvelle Assemblée serait à la veille d'être élue. Le peuple serait l'arbitre du peuple. S'il voulait abdiquer dans la monarchie, il le dirait; s'il voulait maintenir la République, il le dirait encore. Sa

1. L'auteur ne s'était pas trompé sur la politique de Louis-Napoléon. Il écrivait ces lignes au mois de juillet 1851, et trois mois après le président proposait à l'Assemblée le rappel de la loi du 31 mai.

(*Note de l'éditeur.*)

constitution recevrait toutes les modifications dont elle a besoin, et il prendrait dans toute la plénitude de son droit le nom qui lui inspirerait le plus de confiance.

Si ce nom était celui du président actuel de la République, les partis se soumettraient, et le nouvel élu, en recevant les mêmes honneurs qu'avait reçus Washington dans sa jeune patrie, voudrait s'immortaliser comme lui par les mêmes vertus.

Mais, pour que tout cela soit encore à faire, au jour où j'achève cette étude, il faut que l'heure du salut d'un peuple et de la gloire d'un homme soit retardée sur le cadran de l'Élysée. Cette heure sonnera-t-elle? Pour en douter, il faudrait douter de la conscience, de la raison et du courage de l'homme dont je viens d'esquisser la vie. Je n'en doute pas.

L'avenir achèvera ce portrait. Il donnera le dernier mot de cette figure qui est un problème et de cette vie qui est une énigme. Ce mot, je n'ai pas encore le droit de l'écrire. Honte ou gloire! ambition d'un lendemain sans horizon, ou d'une postérité sans limite! puissance éphémère d'un parti, ou puissance invincible d'un droit! Caprice d'une popularité qui passe, ou estime d'un peuple qui reste! Un grand nom qui s'éteint, ou un grand homme qui revit! Louis-Napoléon Bonaparte décidera. Que Dieu et la France l'inspirent!

Juillet 1851.

Tout ce qui précède est d'un autre temps. Sauf quelques retouches sur des détails qui ne changent rien à l'ensemble, ce tableau est tel que je l'avais esquissé avant le DEUX DÉCEMBRE. Il n'y a pas un mot de cette étude que je regrette ou que je retire, et je puis dire sans aucune vanité que toutes les appréciations en ont été justifiées par les événements.

Ce qui me paraissait dans la logique et dans le devoir de la politique de Louis-Napoléon a été fait par lui avec cette fermeté froide et calme qui ne devance jamais la nécessité, mais qui l'accepte toujours. Au mois d'octobre 1851, Louis-Napoléon proposait à l'Assemblée le rappel de la loi du 31 mai ; il ouvrait ainsi la seule issue pacifique qui restât au milieu de la lutte des partis. On sait ce qui arriva : cette mesure de salut social, qui rendait possibles toutes les solutions légales fut repoussée par la majorité, retranchée derrière le rempart de quelques voix. Dès ce moment, tout était perdu ; il ne restait plus que la perspective de l'anarchie sanglante. L'Assemblée, entraînée par le vertige, allait à toutes les folies; la démagogie, heureuse des divisions qui devaient réduire à l'impuissance la plus absolue l'armée de l'ordre, chargeait ses armes et attendait l'heure prochaine de ses vengeances et de ses terreurs. Une révolution devenait inévitable ; seulement il s'agissait de savoir comment elle se ferait. Était-ce par le socialisme? était-ce par l'Assemblée? était-ce par le président? . .

Une révolution par l'Assemblée ou une révolution par le socialisme, quoique d'une origine bien différente, aurait abouti à un résultat commun : l'anarchie ! Qu'une convention eût siégé au palais Bourbon ou qu'un comité de salut public se fût installé à l'Hôtel de Ville, au fond, c'était la même chose. Dans l'un et l'autre cas, la démagogie débordait et la France passait par une épreuve terrible, mortelle peut-être.

Une révolution par le président a eu le

résultat que nous voyons : elle a tout sauvé.

La France et la société allaient périr dans l'impasse d'une constitution sans issue. Il fallait en sortir à tout prix. Deux issues pouvaient être ouvertes : l'une par la légalité, l'autre par la nécessité. La légalité, c'était la révision; la nécessité, c'était le coup d'État.

Quand il a été bien démontré que la porte de salut, fermée à triple verrou par la main des partis, ne pouvait plus s'ouvrir, Louis-Napoléon, se redressant tout à coup dans la force de son nom et de son droit, l'a résolûment enfoncée, et il a fait LE DEUX DÉCEMBRE.

LE DEUX DÉCEMBRE.

I.

Les causes générales du DEUX DÉCEMBRE ont été suffisamment étudiées dans le tableau que je viens de tracer en montrant Louis-Napoléon aux prises avec les agressions des partis et les impossibilités d'une constitution dont ils avaient fait leur citadelle. Il me reste encore à en caractériser les causes immédiates. Je vais devancer l'histoire, sans avoir toutefois la prétention de remplir sa tâche. L'histoire a besoin de se recueillir longtemps avant de juger de tels événements. Ce n'est qu'en les voyant à distance qu'elle peut les voir dans leur vérité. Je n'ai donc pas le ridicule orgueil de me poser comme l'interprète de son infaillible justice. Je ne suis qu'un témoin devant elle. Je raconte ce que j'ai vu, ce que j'ai ressenti et ce que j'ai pensé.

La France approchait de 1852. Elle en approchait comme d'un abîme. Chaque jour de moins que la marche du temps mettait entre elle et cette date était une terreur de plus. Elle n'avait en perspective que la guerre civile. Les partis, au lieu de s'élever au sentiment du patriotisme, s'enveloppaient dans leur égoïsme. Chacun d'eux voulait faire sortir son propre triomphe de cette crise de la patrie et de la société. Tous plaçaient leur confiance dans l'inquiétude publique. Il semblait que le pouvoir ne fût plus qu'un moribond, prêt à rendre le dernier soupir et dont des héritiers avides allaient se disputer la fortune.

Cet état du pays, cette compétition ardente des partis, cette confusion d'idées, cette imprévoyance complète de l'avenir se retrouvaient fidèlement dans l'Assemblée législative qui en était l'image. Divisée par des passions plutôt que par des opinions, cette Assemblée avait fini par dégénérer en une véritable arène de guerre civile. Ses discussions n'étaient plus que des orages et des scandales. Elles préludaient à l'insurrection générale qui pouvait bientôt incendier la France.

Le président de la République qui n'avait voulu être l'instrument de personne devenait un obstacle pour tous. C'est lui d'abord qu'il fallait renverser. La lutte longtemps contenue, allait enfin éclater. La majorité parlementaire que la crainte du socialisme avait rapprochée de l'élu du 10 décembre, rompait avec lui, se redressait contre lui, le menaçait ouvertement et créait ainsi une situation révolutionnaire qui ne pouvait se dénouer que par une révolution.

Placé entre la minorité socialiste et la majorité monarchique, Louis-Napoléon n'avait qu'un refuge. Ce refuge, c'était la

France. La loi du 31 mai l'en séparait. Abroger cette loi par un vote ou la briser par un coup d'État, telle était l'alternative qui s'offrait à lui. Il choisit la première.

M. Léon Faucher, ministre capable, homme de courage et de dévouement, mais que ses habitudes et son excès de personnalité retenaient au régime parlementaire, ne pouvait ni comprendre ni accepter les nécessités de cette solution. Il avait été le rapporteur de la loi du 31 mai. Cette loi était son drapeau. Elle tombait et il tombait avec elle.

Au moment même où le rapporteur de la loi du suffrage restreint sortait du palais de Saint-Cloud, le rapporteur de la loi du suffrage universel y entrait à son tour. M. Billault était appelé par Louis-Napoléon pour succéder à M. Léon Faucher. Dans les négociations qui eurent lieu, la question fut nettement posée. Le président de la République était bien décidé à échapper aux partis par un appel à la France. Cet appel, il le voulait par la loi d'abord ; mais si l'Assemblée lui en refusait les moyens, il était décidé à le lui imposer par la force.

M. Billault était l'homme de la première phase de cette situation, de celle qui devait épuiser les moyens pacifiques. Orateur éloquent, plein de ressources, habitué à manier les assemblées, les périls de la campagne qui lui était proposée ne l'effrayaient pas. Son patriotisme le poussait. Sa prudence le retint. Pour rendre la conciliation plus certaine, il demanda dans les rangs de la majorité des concours qui lui furent refusés. M. Billault comprit l'importance de ne pas laisser de prétexte à la résistance des partis. Il ne voulut pas être un obstacle à une solution pacifique qu'il désirait sincèrement, et il s'effaça avec une noble abnégation.

C'est alors qu'un ministère pris tout entier dans les sympathies sinon dans les rangs de la majorité, vint proposer le rappel de la loi du 31 mai.

Ce ministère était une situation.

II.

Le président de la République proposait loyalement à l'Assemblée l'arbitrage du pays. L'Assemblée le refusa.

Les conséquences de ce refus devaient se précipiter rapidement pour aboutir à un 2 décembre. Que se passe-t-il en effet dès le lendemain du vote qui repoussait le rétablissement du suffrage universel?

Après avoir refusé au pouvoir exécutif qui le proposait, à la nation qui l'attendait, et à la nécessité qui l'imposait, le rappel de la loi du 31 mai, les chefs de la majorité sentant leur faiblesse et leur impuissance, en sont réduits à s'appuyer sur les mesures extrêmes et à se retrancher derrière un corps de garde. Après avoir abdiqué toute force morale, ils invoquent la force brutale. Ils n'ont plus d'autre refuge que la guerre civile, et ils inventent la proposition des questeurs.

La proposition des questeurs n'était pas un acte défensif mais offensif. Elle n'était autre chose que la mise en état de siége du pouvoir exécutif par le pouvoir législatif.

Un jour, Philippe II, roi d'Espagne, avait imaginé une mesure extrêmement impopulaire, qui devait soulever contre lui l'opinion. Le bouffon de sa cour, le seul homme peut-être qui osât être sincère, dit à ce monarque : « Sire, que fera Votre Majesté, si, lorsqu'elle vous dit *oui* le peuple dit *non?*

— Ce que je ferai, répondit le roi, je combattrai. »

Ce trait d'histoire me revient à l'esprit, au souvenir de l'attitude de l'Assemblée législative. Comme le roi d'Espagne, cette majorité s'obstinait contre l'équité et la nécessité. Elle disait *non* quand la France disait *oui*. Aussi s'apprêtait-elle à combattre.

Heureusement elle n'a pas combattu, et elle a été vaincue. L'ordre légal y a succombé, sans doute, mais l'ordre social a été sauvé. Nous savons par de tristes et grandes expériences, à quels abîmes un pays peut se trouver entraîné par l'omnipotence des assemblées. L'histoire est comme le globe. Elle tourne sur elle-même ; elle obéit à des lois générales et à des règles invariables; elle présente les mêmes phénomènes en regard des mêmes principes et des mêmes ambitions. Elle n'est que l'effigie du cœur humain.

En Angleterre, sous le règne de Charles Ier, le parlement voulant aussi établir sa dictature, ne prépara que sa déchéance. Le roi avait pour se défendre ses fidèles cavaliers, champions fanatiques de la prérogative sans contrôle. Le comte d'Essex était à la tête du parlement. Aussi pendant que Charles Ier s'affaiblissait et que le parti constituant s'usait lui-même, un homme astucieux se tenait dans l'ombre, se servant habilement des vues et des passions opposées. Cet homme, c'était Cromwell.

Et quand le parlement eut tout livré à cet ambitieux, quand il eut abdiqué sa propre dictature dans la dictature personnelle du protecteur; quand il eut sacrifié Strafford et Charles Ier lui-même; quand il eut tout accepté, tout osé et tout subi, même la dégradation morale, Cromwell se redressant tout à coup par l'audace et par le mépris au-dessus de ceux qui avaient été ses complices et dont il était le maître, il les chassa ignominieusement, et désignant quelques-uns des membres présents, il les apostropha ainsi : « Toi, tu es un ivrogne; — toi, un débauché;— toi, un voleur; — toi, un adultère. » Tout se dispersa sous ces anathèmes. Le dictateur montrant la masse d'armes, signe de la souveraineté du parlement, dit aux soldats : « Emportez ce jouet. » Puis, fermant les portes de Westminster, il mit les clefs dans ses poches. Le lendemain on trouva sur la porte un écriteau portant ces mots: *Chambre louée à meubler.*

Telle est l'histoire! Voilà comment se comportent les dictateurs qui se servent de la tribune comme d'un pavois! Voilà où en viennent les assemblées qui sortent de leurs droits pour s'abandonner à leurs caprices ou à leurs passions! Elles se croient bien fortes quand elles triomphent; mais leurs victoires ne sont qu'éphémères; elles ne s'élèvent au-dessus du droit que pour retomber au-dessous des ambitieux qu'elles grandissent dans la déchéance de leur dignité et dans le mépris de l'histoire.

L'Assemblée courait le risque de trouver un Cromwell pour l'opprimer et la dégrader. Elle a trouvé un Bonaparte qui l'a vaincue, mais qui a sauvé la France.

III.

Quand la conciliation devint impossible entre les deux pouvoirs et la guerre inévitable, le coup d'État devint nécessaire et légitime.

La maison brûlait. Fallait-il craindre de briser les portes pour échapper aux flammes? En prononçant la dissolution de l'assemblée pour ouvrir à la société une issue libératrice, Louis-Napoléon n'a pas fait autre chose. Il a violé la constitution. Il a sauvé la société.

Le pays l'a absous dans sa souveraineté. L'histoire qui pèse tout, les intentions et les actes, dans la balance de son infaillible justice, ne pourrait pas le condamner sans flétrir la nation qui, après l'avoir reconnu comme son libérateur, vient de le glorifier en l'élevant à l'Empire.

Le 2 décembre 1851, Paris se réveilla dans la surprise et l'émotion d'événements immenses. A tous les coins de rues, une page d'histoire, improvisée comme par enchantement, dans l'action d'un drame mystérieux, apparaissait à tous les regards, sous la forme d'affiches, annonçant que l'Assemblée était dissoute, que le suffrage universel était rétabli et que la France était convoquée le 20 décembre dans ses comices pour voter sur l'établissement d'un nouveau gouvernement.

La foule passait et repassait devant ces affiches sur lesquelles personne ne veillait et que tout le monde respectait. En quelques heures, dans le secret le plus impénétrable, par l'initiative d'un seul homme, une révolution s'était accomplie. L'aspect de Paris n'avait rien de menaçant, mais il avait cependant quelque chose d'effaré, d'étrange et de vague qui ne peut pas se définir. Ce n'était pas la colère, et ce n'était pas le calme. Ce n'était pas la protestation et ce n'était pas l'adhésion. On se sentait soulagé et on ne se sentait pas rassuré. 1852 disparaissait comme le nuage qui porte la foudre disparaît dans le coup de tonnerre qui vient d'éclater. Tout un monde d'inconnu allait se trouver enfermé dans ce jour de crise et d'anxiété. Le port n'était plus qu'à quelques pas, mais avant d'y jeter l'ancre, il fallait traverser la vague qui s'élevait menaçante et terrible et qui pouvait tout submerger.

Ce sentiment de vague anxiété est celui qui succéda presque aussitôt à la surprise causée d'abord par la nouvelle du coup d'État. Quelle attitude allaient prendre les représentants, déchus de leur mandat? Les faubourgs s'insurgeraient-ils? Les départements se soumettraient-ils? L'armée hésiterait-elle entre la constitution et la discipline? On s'interrogeait sur tous ces problèmes qui laissaient sur toutes les âmes un poids d'incertitudes et d'inquiétudes. On regardait; on écoutait. Les impressions étaient si mêlées, les sentiments étaient si divers, qu'il n'y avait nulle part, ni parti pris, ni décision, ni direction. Il semblait qu'on attendît tout du hasard, et qu'à cette journée suprême, il n'y eût d'autre lendemain possible que celui qui serait donné par Dieu.

IV.

Longtemps avant que le coup d'État se fût accompli, ce mot de l'histoire avait retenti dans l'opinion comme le coup de tocsin de la constitution menacée et de la République en péril. Louis-Napoléon ne désirait pas l'inscrire dans sa vie ; il savait que de pareilles extrémités ne peuvent être justifiées que par des situations désespérées. Il était résolu à n'y recourir qu'après avoir épuisé tous les moyens de conciliation, lorsqu'il n'aurait plus à choisir qu'entre son serment à la constitution et son devoir envers la France. Les responsabilités suprêmes ne l'effrayaient pas, mais ne l'attiraient pas non plus. Incapable de devancer l'heure de la nécessité, il aurait préféré mourir que de la laisser passer sans accomplir toutes les promesses de sa destinée. Son serment l'aurait retenu si sa conscience ne l'avait affranchi et si sa mission ne l'avait entraîné. Il s'exposait à tomber sous les insultes des partis, et à périr sous les pieds de l'anarchie, pour la gloire de triompher comme un libérateur.

Jusqu'alors son patriotisme et sa raison avaient dédaigné tous les à-propos qui auraient pu séduire son ambition et hâter sa fortune. Plusieurs fois les circonstances, les luttes et les intrigues des partis, les tentatives de guerre civile et d'anarchie avaient mis la dictature à la portée de sa main, et il l'avait repoussée. La violence lui répugnait. Il comprenait qu'en politique il n'est permis de combattre qu'après avoir essayé de pacifier. Il eût été heureux de marcher avec l'Assemblée, et il ne voulait marcher sans elle que si elle s'obstinait à ne pas le suivre.

Au mois de novembre 1851, l'illusion de la conciliation n'était plus possible. La France se trouvait placée entre un 10 août et un 18 brumaire. Louis-Napoléon le comprit et il accepta sans hésitation la nécessité du coup d'État, qui n'était jamais entré dans ses combinaisons que comme une éventualité.

Cette résolution suprême arrêtée, Louis-Napoléon jeta les yeux autour de lui pour choisir des auxiliaires capables de se dévouer comme lui et de comprendre la grandeur de l'acte, sans s'effrayer de ses responsabilités et de ses périls.

A côté de lui, dans l'intimité de ses conseils et de son amitié vivait un homme qui avait jeté déjà un grand éclat dans les dernières années de la monarchie. C'était M. le comte de Morny, esprit aussi net qu'élevé, caractère inflexible, noble cœur, vrai gentilhomme par son éducation et par sa nature. M. de Morny avait suivi avec une profonde attention toutes les phases de la situation depuis l'élection du 10 décembre. Ses antécédents parlementaires, ses lumières, sa courtoisie, son autorité qui s'imposait par la grâce autant que par la supériorité, le rendaient merveilleusement apte à servir d'intermédiaire entre le président de la République et les chefs de la majorité. Il représentait le bonapartisme politique entre les orléanistes et les légitimistes qui l'entouraient et qui l'aimaient. Il avait cherché à faciliter les rapprochements; il était, au milieu des rangs ennemis, un ambassadeur de conciliation et de paix. Mais quand il reconnut que tout était inutile, et qu'il trouva devant lui les mêmes coalitions aveugles et ardentes qu'il avait combattues naguère avec le patriotisme d'un véritable homme d'État, l'ambassadeur se fit soldat, et il fut le premier à conseiller de combattre; après avoir vainement essayé de négocier une fusion des éléments divers dont se composait le parti de l'ordre, fusion qui seule pouvait le rendre invincible au socialisme.

M. de Persigny avait sa place marquée dans cette lutte suprême. Il représentait le bonapartisme chevaleresque et militant. Il lui avait tout sacrifié. Deux fois, à Strasbourg et à Boulogne, il avait héroïquement joué sa vie pour sa cause. M. de Persigny, homme d'État par le cœur avant de l'être par l'intelligence et par la pratique des affaires, s'était élevé à ses idées par la force de ses sentiments. Nature d'élan autant que de pénétration, il avait senti la puissance du bonapartisme avant de le comprendre. La France et l'Empire lui semblaient inséparables. Il ne doutait pas un seul instant qu'après avoir été séparées un instant par un accident, ces deux choses, également impérissables à ses yeux, ne fussent réunies par la loi de la logique et par la nécessité de la civilisation.

M. de Maupas était un nouveau venu dans la politique. Porté rapidement par son mérite et par son énergie à l'une des plus importantes préfectures de France, il avait vivement frappé l'esprit du président, dont la pénétration rapide comme le regard qui en est la lumière, n'a besoin que d'un coup d'œil pour juger un homme. M. de Maupas n'avait pas été mêlé, comme M. de Persigny, aux luttes du bonapartisme; mais il en avait déjà l'instinct et le sentiment avant d'en avoir la foi. Nature d'initiative, s'impressionnant facilement de ce qui est grand et beau, il devait être irrésistiblement conduit vers une cause qui voulait rajeunir et fortifier le principe d'autorité en le personnifiant dans une dynastie populaire comme la gloire, légitime comme le droit. Esprit de gouvernement, il acceptait sans hésitation tout ce qui était nécessaire, et il comprenait sans effort tout ce qui était généreux. La fermeté de son caractère, adoucie par l'élégance de l'homme du monde et la bienveillance de l'homme de cœur, le rendait propre à dominer sans blesser. Il était de ceux qui savent faire respecter l'autorité sans l'exagérer. Le président de la République, en lui confiant la préfecture de police dans un jour de danger, n'avait pas seulement choisi une main ferme et dévouée pour lutter, il avait encore désigné d'avance la main habile et souple destinée à diriger plus tard un ministère nouveau qui demandait les qualités les plus éminentes et les supériorités les plus rares.

M. le général Leroy de Saint-Arnaud arrivait d'Afrique. Il avait fait avec éclat cette guerre qui exige plus que du courage et du talent militaire, et dans laquelle il faut apporter encore le calcul, la réflexion, la prudence, la spontanéité, l'instruction, la ruse même. L'Afrique n'est pas seulement une école de gloire, c'est encore une école de gouvernement : on y apprend tout à la fois la guerre et la politique. Le maréchal Bugeaud y est devenu un grand homme d'État. Lamoricière, Cavaignac, Bedeau,

Changarnier en sont sortis avec des aptitudes gouvernementales, mal dirigées peut-être, mais incontestables. Le général de Saint-Arnaud, à peine descendu de son cheval de bataille après l'expédition de Kabylie, venait s'asseoir comme ministre sur les bancs de l'Assemblée législative; et il y avait en lui tout à la fois la conception et la décision. Aussi prompt à concevoir que ferme à exécuter, il était l'homme dont Louis-Napoléon avait besoin pour donner à l'armée une irrésistible impulsion à l'heure où il aurait à jouer une partie suprême pour le salut de la société.

L'armée de Paris, composée de régiments d'élite, commandée par le général Magnan, dont l'autorité était aussi grande que sa renommée était glorieuse, ayant sous ses ordres des généraux jeunes, ardents et dévoués, l'armée de Paris était le bouclier invincible du président contre les usurpations parlementaires. Il est permis de dire, à son éternel honneur, qu'elle a été aussi celui de la patrie, de la civilisation et de la religion.

C'est avec ces dévouements et avec ces forces que Louis-Napoléon tenta le coup d'État. L'histoire le croira à peine. Il a suffi de sa volonté, de son initiative, de son audace et du concours de quatre ou cinq de ses partisans pour changer en quelques heures la face de la France et du monde. Voyez-vous ces quelques hommes réunis, pendant la nuit du 1er au 2 décembre, dans un salon du palais de l'Élysée! Ils sont calmes, résolus, sans peur et sans remords. Ils ne conspirent pas, car ils n'ont pas de conjurés qui attendent le mot d'ordre. Quelques heures à peine les séparent de l'acte qu'ils méditent, et cet acte qui va se développer sur une scène immense n'est connu que d'eux seuls. Ils n'ont demandé de gages à personne. Ils n'ont intéressé à leur succès ni les cupidités, ni les ambitions. Ils n'ont compté que sur le droit du salut social dont ils vont tirer l'épée. Oui, ils ne sont que cinq ou six, et ce petit groupe, en se mettant en action, va peut-être changer les destinées d'un siècle et d'un peuple !

Est-ce donc là une conspiration ? Est-ce donc là même une révolution ? Non. Les conspirations et les révolutions se font par d'autres procédés. Ne sondons pas ce qui ne peut pas être sondé, et reconnaissons dans l'acte du 2 décembre un de ces faits que la raison peut approuver ou blâmer, mais qu'elle est en même temps tenue d'accepter comme l'une des manifestations les plus imposantes de cette force supérieure qui renverse parfois les partis et les institutions, et qui entraîne les sociétés, par des voies que la sagesse humaine n'avait ni prévues ni entrevues, au but que Dieu leur assigne.

V.

Le coup d'État du 2 décembre donna lieu à une double résistance, dont l'une fut impuissante et dont l'autre fut sanglante. Je me garderai bien d'en confondre le sentiment et la responsabilité. Je ne confondrai pas les représentants qui, réunis à la mairie du dixième arrondissement, croyaient devoir à leur dignité et à leur responsabilité une protestation sans espérance, avec les conspirateurs et les démagogues qui, à Paris et dans les départements, ramassèrent la constitution mutilée pour en faire le drapeau du socialisme et de la barbarie.

La constitution de 1848 était condamnée avant d'être renversée. Tous les partis l'invoquaient et tous la repoussaient. Aussi n'a-t-elle eu pour la venger que la protestation des représentants réunis à la mairie du dixième arrondissement. Ceux qui ont combattu ne combattaient pas pour elle. Ils n'étaient pas les soldats de la loi, mais de l'anarchie qui est le renversement de toutes les lois.

Que serait-il arrivé, je le demande, si

Louis-Napoléon avait succombé le 2 décembre au lieu de réussir ? Est-ce que par hasard la constitution qu'il avait brisée n'en aurait pas été moins détruite ?

L'insurrection triomphante n'aurait pas ouvert les portes du palais Bourbon à l'Assemblée. Elle aurait ouvert à la démagogie les portes du club des Jacobins.

Quant à la constitution, aucune main n'aurait eu la puissance d'en coudre les lambeaux. On venge quelquefois une constitution violée ; on ne la rétablit jamais.

C'est au nom de la constitution de 1791 que les Girondins avaient provoqué secrètement la journée du 10 août. Le lendemain les Montagnards écrivent avec la plume de Saint-Just et de Robespierre la constitution de 1793.

C'est au nom de la constitution de 1793 que les sections de Paris engagèrent la lutte le 13 vendémiaire contre la Convention nationale. Barras et Bonaparte défendent la Convention et préparent à coups de canon l'avénement de la constitution de 1795.

C'est au nom de la constitution de 1795 que le Directoire fit le 18 fructidor. Bientôt après le 18 brumaire éclate, et la constitution du 22 frimaire installe le consulat et annonce l'empire.

N'est-ce pas aussi au nom de la charte de 1814 que s'est accomplie la révolution de juillet? On criait *vive la charte!* sur les barricades, et le premier résultat de la victoire était de la détruire et de la remplacer par celle de 1830.

En 1848, ce fut la même chose. C'est au nom de la charte de 1830 que l'opposition écrivait le fameux acte d'accusation qui devait être l'arrêt de mort d'une dynastie. Trois jours après la République était proclamée.

Voilà ce qui advient des constitutions quand on les déchire; leurs défenseurs eux-mêmes ne les vengent que pour les anéantir.

Ainsi, de cette double résistance que devait soulever l'acte du 2 décembre, l'une, la résistance légale, était impuissante; l'autre, la résistance sanglante, était odieuse et sauvage. Mais, si la seconde avait pu se combiner avec la première, le péril devenait imminent : c'est cette combinaison qu'il fallait empêcher à tout prix.

Heureusement l'énergie et le dévouement admirable des hommes que Louis-Napoléon avait choisis pour auxiliaires ne laissèrent pas un moment d'incertitude sur le résultat définitif. M. de Morny, au ministère de l'intérieur; M. de Saint-Arnaud, au ministère de la guerre; M. de Maupas, à la préfecture de police; M. le général Magnan, à la tête de l'armée, communiquèrent l'élan, la confiance et l'intrépidité qui les animaient à tous ceux dont le concours était nécessaire. Il n'y eut ni une hésitation ni une faiblesse. Les mesures, prises avec une merveilleuse

15

prévoyance, furent exécutées avec une précision sans exemple. Le coup d'État répondait si bien à l'instinct du pays que, sans réflexion, sans calcul, on se dévouait à son succès, et que, à l'instant même, malgré les responsabilités les plus graves, il trouvait des milliers de complices pour l'accepter et pour le défendre.

VI.

L'Assemblée législative eut le sentiment de son impuissance dès qu'elle connut sa déchéance. Toutefois elle crut devoir à sa dignité de ne pas tomber sans protester. Les représentants du peuple essayèrent de se réunir sur divers points. La réunion de la mairie du dixième arrondissement, qui fut la seule importante et significative, peut être considérée comme le dernier acte du régime parlementaire.

On sait ce qui arriva : deux cents représentants environ, appartenant pour la plupart à la majorité, s'étaient ralliés à la mairie du dixième arrondissement, sous la présidence de M. Benoist d'Azy. Quant à M. Dupin, il s'était considéré comme prisonnier dans son palais. Une délibération suprême s'était ouverte au milieu des émotions les plus vives. On avait voté la déchéance du président. On avait investi le général Oudinot du commandement des troupes. M. Berryer, qui avait refusé son vote et sa parole éloquente au suffrage universel, venait de le proclamer par une fenêtre devant le peuple, qui avait dit : Il est trop tard ! Tout à coup on annonce l'arrivée de la troupe. Cette Assemblée, déjà mutilée et déchue, se drape majestueusement dans son droit.

« Messieurs, s'écrie le président, songez que l'Europe vous regarde et que la postérité vous jugera. » Un caporal se présente : on lui oppose la constitution. Un officier arrive : on leur lit l'art. 68 de la Constitution. Mais la discipline, qui est la constitution des soldats, leur dit d'obéir et de marcher. Les représentants sont arrêtés, placés entre une double haie et conduits ainsi jusqu'à la caserne du quai d'Orsay, à travers les populations plus curieuses qu'émues.

Voilà comment a fini la souveraineté parlementaire en France! Ce régime qui a fait tant de révolutions, ébranlé tant de gouvernements, renversé deux dynasties, disparaissait devant la consigne d'un caporal et le commandement d'un simple officier. Soixante ans plus tôt il entrait en maître dans la salle du Jeu de Paume. Le 2 décembre, il entrait en prisonnier dans une caserne. Louis-Napoléon vengeait Louis XVI, et réhabilitait l'autorité sur les ruines de laquelle la révolution avait dressé sa tribune pour exalter et entraîner les peuples.

VII.

Sans doute ce fut un tableau pénible que celui de ces deux cents représentants faits prisonniers par une compagnie de voltigeurs, enfermés dans une caserne, et emmenés au mont Valérien dans des voitures cellulaires. Des hommes illustres, des généraux, des orateurs, des jurisconsultes qui n'avaient jamais servi leur pays qu'avec noblesse, quelques-uns avec éclat, étaient traités comme des factieux! Le tort n'en est à personne qu'à la fatalité des événements qui avaient amené ce dénoûment. Les représentants du régime parlementaire, obéissaient à leur honneur en protestant. Louis-Napoléon suivait sa destinée et remplissait sa mission en détruisant tous les obstacles du salut social. D'un côté, il y avait des vaincus qui succombaient avec dignité; de l'autre, il y avait un libérateur qui triomphait par l'ardeur, par le calme et par l'inflexibilité.

Les représentants qui protestaient savaient d'avance que leur protestation serait impuissante ; si elle avait dû être efficace, ils auraient hésité peut-être. Ils allaient à la mairie du dixième arrondissement, non pour venger une opinion, mais pour sauvegarder leur honneur. C'était la place la plus honorable pour ceux qui n'étaient pas avec l'Élysée. M. le comte de Morny, dont la noble nature comprend tout ce qui est loyal et généreux, le reconnaissait lui-même en donnant l'ordre de leur arrestation. Il disait un jour : « Si je n'avais pas été dans le coup d'État, j'étais capable d'aller à la mairie du dixième arrondissement. »

Pendant que tout ce drame se déroulait dans l'ordre précis de sa mise en scène, Louis-Napoléon ne laissait voir ni une émotion, ni une anxiété. La veille du coup d'État, il y avait eu réception à l'Élysée. Jamais le prince ne s'était montré plus calme et plus bienveillant. Retiré de bonne heure dans ses appartements, il lui avait suffi de quelques minutes et de quelques mots dits à ses intrépides et dévoués auxiliaires, pour tout résumer. Puis, il s'était endormi aussi confiant qu'il l'était la veille de Strasbourg et de Boulogne, sans se demander même si cette nuit le séparait d'un triomphe ou d'une catastrophe.

Le lendemain, pendant les préparatifs de la journée et aussi longtemps que dura l'incertitude ou la lutte, il ne se démentit pas. Quoiqu'il ne doutât pas de la victoire, il n'avait qu'une préoccupation, prévenir la bataille par une attitude énergique, éviter l'effusion du sang par toutes les mesures préventives propres à décourager le résistance, en un mot, étouffer la guerre civile avant son explosion. Il aurait voulu qu'il n'y eût que des vaincus et non des victimes.

En isolant la résistance légale comme on le fit avec une prévoyance si énergique, et en l'empêchant de se relier à la résistance brutale et sanglante, on enlevait à celle-ci toute autorité. Elle ne pouvait plus se parer du drapeau de la constitution : il ne lui restait que le drapeau rouge de la démagogie.

VIII.

Aux nouvelles arrivées des départements, un mouvement unanime de douleur et d'indignation avait éclaté dans Paris. La jacquerie venait de lever son drapeau. Des bandes d'assassins parcouraient les campagnes, marchaient sur les villes, envahissaient les maisons particulières, pillaient, brûlaient, tuaient, laissant partout sur leur passage l'horreur des crimes abominables qui nous reportaient aux plus mauvais jours de la barbarie. Ce n'était plus du fanatisme comme il s'en trouve malheureusement dans les luttes de parti : c'était du cannibalisme tel que les imaginations les plus hardies auraient pù à peine le supposer. Heureusement, je puis le dire, il n'y avait rien de français dans ces effroyables carnages, car il n'y avait rien d'humain. Non ! ce ne sont pas des hommes qui dégradent ainsi l'humanité dans l'opprobre de ces instincts féroces dont Dieu a fait un épouvantail pour toutes les créatures intelligentes et morales au sein de la création sortie de ses mains. De pareils hommes se ravalent au niveau des bêtes. La société ne les reconnaît plus parmi ses membres qui vivent de sa vie et de son esprit, et il n'est pas jusqu'à la nature qui ne les renie, comme une mère renie ses fils parricides !

Ces épouvantables crimes ne furent pas seulement un sujet de douleur et d'horreur pour toutes les âmes sans acception de parti. Ils furent aussi un sujet de réflexions bien sérieuses pour tous les esprits honnêtes; il n'y avait plus moyen de se le dissimuler : 1852 cachait un abîme. Les événements qui éclatèrent tout à coup montrèrent un coin de cet abîme terrible et profond qui pouvait tout engloutir, république, famille, patrie, société. Aux lueurs sinistres de ces torches qui allumaient les incendies, aux éclairs funèbres de ces fusillades qui tuaient les soldats à leur poste, les citoyens dans leur maison, les propriétaires dans leur salon, les pères de famille sous les yeux de leurs femmes et de leurs enfants, le regard mesurait avec effroi la grandeur du péril. Ce n'était pas la guerre civile qui nous menaçait. La guerre civile est toujours un fléau sans doute; mais au moins si elle fait pleurer l'humanité, elle ne la fait pas rougir. Il peut y avoir de l'honneur à mourir pour une idée, et si ceux qui meurent ainsi sont des factieux devant les lois qui les condamnent, ils sont aussi quelquefois des héros devant la postérité qui les absout et qui les glorifie. Mais les cannibales qui égorgent pour le plaisir d'égorger et qui au lieu de combattre des ennemis, n'immolent que des victimes, ne sont que les sicaires de la guerre sociale. Ils ne se battent pas, ils assassinent.

Ah! personne n'a confondu le peuple de France avec les bandes d'assassin. Ce n'est pas là le peuple, ce n'en est que l'écume. Le peuple qui travaille et qui par le travail arrive à la propriété; le peuple qui est à ses charrues et à ses métiers; le peuple qui élève ses enfants dans l'amour de la patrie et de Dieu, ce peuple de soldats, d'ouvriers, de laboureurs, de citoyens et de chrétiens, n'est pas solidaire de ces attentats; il les réprouve, il les maudit et les méprise; il se lèverait, au besoin, tout entier pour les punir et pour en étouffer l'essor dans l'étreinte irrésistible de son patriotisme et de son dévouement. En un mot, il ne menace pas la société, il la protége.

Mais si ce peuple presque unanime que j'ai toujours aimé, honoré, défendu et que je regarde comme la force du pays, soit qu'il laboure son champ ou qu'il combatte à la frontière, si ce peuple fut innocent de ces instincts horribles et de ces crimes plus horribles encore, il est malheureusement vrai qu'à côté de lui, au milieu de lui, vivait une faction infatigable, implacable, pour qui la république ne fut qu'un faux masque, sous lequel se cachèrent toutes les immoralités, toutes les cupidités, toutes les passions honteuses, toutes les dégradations hideuses, toutes les haines de la jalousie et de l'ambition. Cette faction, tout le monde la connaît, elle s'appelle la démagogie.

IX.

Savez-vous ce qui a compromis la démocratie? c'est la démagogie. La République a eu un grand malheur! au lieu de s'appartenir et de se montrer au pays dans la vérité de ses principes, dans la puissance conservatrice et sociale de son droit, elle s'est livrée à des entraînements déplorables et elle a glissé des mains des hommes qui l'avaient contenue, modérée, purifiée, dans celles des hommes qui l'ont exagérée, dénaturée, défigurée aux yeux d'une partie du pays; la République est devenue le socialisme. Voilà ce qui l'a compromise et ce qui l'a perdue!

Alors en face de la démagogie turbulente et violente qui voulait tout perdre, se forma la ligue des vieux partis absolus et inflexibles, qui ne voulaient rien céder. Il en est résulté cette situation terrible de tous les jours, situation de révolution et non de gouvernement, qui faisait de la constitution un vain mot et qui nous conduisait tout simplement à l'impossible. Oui, pour tous ceux qui voyaient les choses de sang froid, il était évident que le gouvernement se trouvait enfermé dans une impossibilité. Ballotté par toutes les vagues qui s'élevaient, à demi couché par la tempête comme un vaisseau qui a perdu ses mâts et ses voiles, il allait heurter à quelque écueil dans l'ombre de l'inconnu. La guerre sociale allait inévitablement sortir de ces compétitions d'hommes, de ces luttes d'ambition et de coteries, de ces défaillances de conscience, de ces impatiences de pouvoir et de fortune. Le socialisme brutal, minorité infime, mais audacieuse et capable de recourir à tous les moyens, était prêt à tout oser. Le détroit de 1852 pouvait nous conduire à son triomphe passager dans le sang et sur les ruines de la France et de la civilisation.

Un jour, le président de la République invoque hardiment la souveraineté du peuple, et en appelle d'une loi impossible au droit absolu. Tous les partis sont ligués contre lui et se font un bouclier de la légalité. Mais Louis-Napoléon n'en réussit que plus sûrement. Il réussit par deux motifs qui sont ceux-ci : répulsion du peuple pour la guerre civile des partis, et répulsion de tout le monde pour la guerre sociale.

Quiconque a vu de près toutes les circonstances de ce grand événement peut en témoigner : le 2 décembre, lorsque l'Assemblée fut dissoute et la constitution détruite, il y eut une grande incertitude dans les esprits et un grand trouble dans les consciences. Tout le monde ne comprit pas la portée du coup d'État. Le 6 décembre, quand on reçut à Paris les premiers bulletins de la jacquerie, l'initiative de Louis-Napoléon était déjà absoute par le sentiment public. Il devenait évident pour tous que le nevəu de l'Empereur avait été l'instrument providentiel d'un acte de salut social, et qu'il s'était élevé, par sa sagesse et par son génie, au-dessus de la logique vulgaire, jusqu'à cette logique supérieure qui déconcerte les combinaisons humaines les plus savantes et qui ramène les peuples, à travers les orages et les crises, aux conditions véritables de leur grandeur.

Le jour où la guerre sociale éclatait sur divers points du territoire, elle devait trouver devant elle, pour la combattre, la fédération du pays tout entier. Républicains, orléanistes, légitimistes, bonapartistes, tous étaient solidaires dans cet intérêt suprême. On pillait, on assassinait, on invoquait la vengeance, la haine et le désespoir, ces dieux infernaux de la démagogie; il n'y avait plus qu'à se défendre, en invoquant le droit et la justice, ces dieux éternels d'une démocratie qui ne voulait pas se flétrir et d'une nation qui ne voulait pas périr.

X.

La France avait donc eu au plus haut degré le sentiment de sa situation, en votant comme elle l'a fait le 20 décembre 1851. Elle obéissait à la nécessité impérieuse de son salut; elle suivait la pente irrésistible de la logique des choses; elle cédait à l'empire de la raison et du bon sens; elle restait dans la condition même de son existence. Heureuse et reconnaissante d'avoir été sauvée, elle s'en remettait à Louis-Napoléon du soin de fonder un gouvernement; elle reconnaissait sa mission et en attendait les résultats avec confiance.

Cette mission, à cette époque, pouvait se résumer en deux mots : elle consistait à terminer la révolution et à organiser le pouvoir.

Comment le pouvoir devait-il s'organiser? Où est son principe? Où est sa force? Où est son droit?

Est-ce dans l'aristocratie? Nous n'en avons que les souvenirs glorieux inscrits dans l'histoire et les débris dispersés dans la société moderne.

Est-ce la monarchie? Nous avons eu trois essais de monarchie en moins d'un demi-siècle : monarchie victorieuse de Napoléon; monarchie héréditaire des Bourbons; monarchie parlementaire des d'Orléans. Toutes trois ont croulé malgré les forces qui les soutenaient : forces de gloire, de tradition ou d'intérêts. Rien n'a servi.... tout a manqué.

Est-ce dans la bourgeoisie? Nous avons eu son règne à peu près exclusif pendant dix-huit années. La bourgeoisie a sans doute de grandes vertus, de remarquables aptitudes, de précieuses qualités; elle a le sens politique des choses; elle a la mesure, la prudence, la prévoyance, la tolérance, l'intelligence; mais elle manque de deux qualités essentielles de gouvernement; elle manque de l'esprit de dévouement, qui ennoblit le pouvoir et l'élève jusqu'à l'héroïsme du dévouement, et de l'esprit d'initiative, qui réalise le progrès en l'agrandissant sans cesse de toutes les conquêtes de la civilisation et de tous les perfectionnements de l'humanité.

XI.

La France n'est donc ni une aristocratie, ni une monarchie, ni une oligarchie. Savez-vous ce qu'elle est? Je n'hésiterai pas à dire le mot, quoiqu'il sonne mal à beaucoup d'oreilles; sans doute parce qu'il sonne du faux son des mauvaises doctrines qui l'ont dénaturé et des mauvaises passions qui l'ont déshonoré. La France est une démocratie.

Elle est une démocratie par son sol qui n'est sorti des mains qui la possédèrent héréditairement que pour se fractionner par domaine, par champ et par sillon dans les mains des cultivateurs qui la labourent, qui l'ensemencent, qui la fécondent, et qui s'en nourrissent eux et leurs familles.

Elle est une démocratie par son capital qui se vulgarise et qui circule en sources infimes pour se multiplier, se transformer et se vivifier sous toutes les formes que lui donne le travail.

Elle est une démocratie par ses mœurs, qui la rendent bien plus sensible au besoin d'égalité civile qu'au besoin d'égalité politique.

Elle est une démocratie par son code, qui ne laisse aucune place au privilége dans la société nouvelle, et qui passe sur toutes les existences, sur toutes les influences et sur toutes les situations le niveau de la loi et du droit commun.

Elle est une démocratie par son armée elle-même, recrutée dans les champs et dans les ateliers, et dont l'esprit militaire n'est que le reflet sur son drapeau de la gloire de l'Empire, et l'écho dans l'âme des soldats, de ces batailles immortelles qui grandissaient la souveraineté d'un peuple dans la souveraineté d'un homme.

Mais si la France est une démocratie par sa nature, par ses intérêts, par son esprit, par ses institutions, par ses passions mêmes comme par ses vertus, s'ensuit-il que nous ayons eu véritablement un gouvernement démocratique depuis que la révolution française a débordé dans le monde?

Non! nous n'en avons eu que les orages, les convulsions, les enfantements; nous n'en avons jamais eu l'application pratique, sincère, honnête, sociale et sérieuse.

Ne parlons pas du passé; laissons dans l'exécration de l'histoire ces tyrans qui ont ensanglanté et souillé l'humanité sous prétexte de l'affranchir; ne nous occupons que du présent. Était-ce de la démocratie que cette confusion de systèmes et d'idées dont notre temps a donné le triste spectacle? La démocratie se sentait-elle vivre dans ces utopies et dans ces folies? Se croyait-elle bien puissante parce qu'on prêchait en son nom l'organisation du travail, la haine du capital, la destruction de la propriété, le renversement de la famille, le mépris de Dieu? Considérait-elle comme un grand triomphe que l'illustre maréchal Bugeaud ne fût pas élu sur une liste où le caporal Rattier et le sergent Boichot venaient en tête, et où M. le général Cavaignac et M. le général de Lamoricière ne venaient qu'en dernière ligne? Trouvait-elle beaucoup d'honneur et beaucoup de profit dans ces phrases creuses et sonores, dans ces coteries ridicules, et dans ces menées odieuses? Et parce qu'on chantait *la Marseillaise* dans un cabaret, les peuples allaient-ils se soulever d'un élan électrique à Vienne, à Rome, à Varsovie, à Berlin? Non, ce n'était pas là la démocratie!

Le malheur, c'est que la France avait

confondu le principe, qui est vrai, avec ces passions qui sont odieuses, et ces sottises qui sont monstrueuses.

Nous qui écrivons ces lignes, nous et bien d'autres, nous avons eu une généreuse illusion; nous avons cru que la démocratie pouvait se fonder, s'organiser, se gouverner par sa propre force; nous l'avons cru loyalement, et c'est ce qui fait que, n'ayant jamais été républicain et n'ayant jamais prévu, ni désiré, ni réclamé la République, nous l'avions acceptée cependant comme une forme possible, peut-être nécessaire du pouvoir. Nous l'avions acceptée comme la France entière, qui consentait loyalement à en faire l'essai. Pour que cette illusion devînt une vérité, il n'a manqué à la démocratie qu'une seule chose, la conscience de sa force. Tiraillée en sens contraire par les écoles et par les partis, dénaturée par le socialisme, déshonorée par le terrorisme, exagérée par les uns, arrêtée et étouffée par les autres, elle avait perdu sa direction, sa règle, sa lumière et sa loi; elle s'éloignait visiblement de son but; elle glissait aux abîmes; elle allait se briser à l'écueil de l'anarchie. 1852 apparaissait à tous comme une date sinistre et fatale. On y voyait clairement le 93 du XIXe siècle.

XII.

Le DEUX DÉCEMBRE nous a affranchis de 1852. Le coup d'État a foudroyé le socialisme et la révolution. Du 10 août, auquel nous touchions, nous avons sauté d'un seul élan par-dessus 93 jusqu'au 18 brumaire. Il pouvait sortir de cette crise une dictature; il en est sorti un gouvernement.

Louis-Napoléon, vainqueur des partis, chef de la nation dont il avait reçu le mandat, n'a profité de son pouvoir sans limites que pour donner à la France une constitution sérieusement étudiée. Cette constitution est-elle conforme au droit, à la justice et à la raison? Convient-elle aux mœurs, aux habitudes et aux besoins de la France? Analysons-la dans son esprit philosophique et politique pour mieux l'apprécier dans ses conséquences et dans ses effets. Cette étude a d'autant plus d'à-propos que la constitution du 15 janvier a été sagement maintenue, comme celle de l'Empire. Rien ne pouvait mieux prouver qu'elle n'est pas une œuvre de caprice, et que, selon l'expression de son auteur, elle est le résultat de l'expérience et du temps.

IDÉES GÉNÉRALES

DE

PHILOSOPHIE ET DE POLITIQUE

SUR LA CONSTITUTION DE 1852.

I.

Dieu est le principe et le but de toute société. Tout droit, toute justice, toute vérité, tout progrès descendent de lui et remontent à lui. Sa souveraineté, la seule infaillible, la seule éternelle, la seule inviolable, se manifeste dans l'ordre religieux par la révélation, et dans l'ordre philosophique et politique par la raison humaine.

II.

La raison humaine, reflet de la raison divine, est donc la véritable souveraineté des nations. C'est par elle que les gouvernements se fondent et que les peuples se conservent et se développent en marchant à la lumière de son flambeau. Aux peuples, elle enseigne leurs droits; aux gouvernements, elle apprend leurs devoirs.

III.

Il n'est pas plus possible d'admettre le droit divin des monarchies que la souveraineté des passions de la multitude. Les hommes sont faillibles comme leur nature. Ils ont leurs jours d'erreurs et de folies. Mais du sein des foules les plus égarées se dégage un sentiment qui se purifie à mesure qu'il s'élève au-dessus des passions humaines qui l'altéraient. Ce sentiment, c'est une émanation de l'âme des peuples, portant avec elle l'opinion qu'elle forme, dans sa région supérieure, de ce qu'il y a de plus vrai, de plus juste, de plus honnête et de plus généreux dans chaque intelligence et dans chaque conscience.

IV.

De ce tribut de toutes les raisons individuelles se forme la raison publique. Il n'y a de gouvernement légitime, il n'y a de constitution durable, que les gouvernements et les constitutions sortis de cette source. Ainsi s'explique pourquoi, sous les républiques comme sous les monarchies, l'opinion règne toujours. Seulement l'opinion peut s'égarer, et c'est ce qui produit les accidents par suite desquels une société est souvent rejetée violemment en dehors des voies régulières de son développement matériel et moral.

V.

Qu'est-ce qu'un gouvernement?

Qu'est-ce qu'une constitution?

Un gouvernement est un ensemble d'institutions créées à l'image des mœurs, des traditions, des idées et des besoins d'un peuple, pour le protéger, pour le diriger, pour l'élever chaque jour davantage en dignité, en liberté, en moralité, en bien-être, et pour réaliser ainsi dans la mesure du possible et du juste toutes les conditions de bonheur et de grandeur que renferme l'humanité.

Une constitution est un contrat qui règle les rapports des gouvernants et des gouvernés, dans le double but de prévenir l'anarchie, qui est la mort de la liberté; et la tyrannie, qui est l'opprobre de l'autorité.

VI.

Il n'y a pas de gouvernement éternel; il n'y a pas de constitution immuable.

Rien n'est absolu en politique, excepté la justice. Le changement des mœurs, le mouvement des idées, l'action du temps, le hasard des événements, créent des nécessités qu'il serait insensé de repousser. Tout ce qui est nécessaire et juste est légitime. La France a eu douze constitutions en moins de soixante années. Chacune de ces constitutions avait la prétention d'être la loi définitive du pays. Dès qu'elles étaient tombées, le devoir de leurs partisans les plus sincères n'était pas de les venger, mais de les remplacer.

VII.

Chaque pays a ses conditions de gouvernement dans ses conditions de nature et de civilisation. Une constitution qui n'est pas calquée sur la société qu'elle doit régir, ne peut donner aucune des garanties qu'elle promet : elle n'est qu'une source d'agitation et une cause de révolution. C'est ce qui explique les troubles sans cesse renaissants qui, depuis 1789, n'ont permis en France à aucun gouvernement de s'asseoir et de se fonder. Tous ces gouvernements ont été plus ou moins à contre-sens de la seule force qui pût les consolider et les protéger : la force de l'unité.

VIII.

Sans unité, pas d'autorité ni de liberté. Sans unité, la liberté dégénère nécessairement en licence et l'autorité en despotisme. Mais comment peut se faire l'unité? par deux moyens : par le pouvoir central ou par le pouvoir aristocratique, oligarchique, démocratique ou parlementaire.

Or, en France, c'est le pouvoir central qui, depuis l'origine de la monarchie, a successivement appelé à lui toutes les forces disséminées dans la nation. Après avoir triomphé de la théocratie, il a triomphé de la féodalité, puis des parlements, et en favorisant l'esprit communal il s'est appuyé du tiers état pour arriver à l'absolutisme royal de Louis XIV, et il a croulé lui-même sous la réaction de ce tiers état qu'il avait élevé. Le pouvoir central, tombé en tutelle sous le régime des assemblées, est devenu complétement impuissant. Ballotté par toutes les tempêtes de l'opinion, il est tombé tantôt à droite, tantôt à gauche. La souveraineté des assemblées, depuis 1791 jusqu'à 1799, n'a été que la mêlée confuse des passions coalisées et des intérêts opposés, grondant dans des orages terribles. Napoléon, en faisant le 18 brumaire, a ressaisi dans ses mains la force de l'unité. Mais la guerre ne lui a pas laissé la possibilité de s'en servir pour l'organisation définitive de la société politique. Il en fait surtout un levier pour soulever le monde.

IX.

La bourgeoisie a essayé de son côté de reconstituer l'unité française à son image dans la monarchie constitutionnelle. Elle a échoué à cette œuvre. La République démocratique, organisée dans la constitution de 1848, confondant le régime américain et le régime anglais, créant un président irrévocable et responsable en face d'une Assemblée unique et souveraine, s'est brisée à son tour à l'écueil de ses flagrantes contradictions et de ses propres impossibilités. Ne pouvant être révisée, selon le droit, cette constitution a été renversée par la force. Le peuple a vu tomber avec indifférence une Assemblée cependant sortie de lui. Pourquoi? Parce que cette assemblée, au lieu de représenter l'unité de la nation, ne représentait que le fractionnement, la division et la confusion des partis.

X.

Une constitution ne peut donc avoir aujourd'hui qu'un but : organiser l'unité par le pouvoir sorti du peuple. Il s'agit tout simplement de renouer la tradition française depuis Charlemagne jusqu'à Napoléon, tradition constamment suivie à travers les changements politiques et les transformations sociales que les siècles ont amenés.

XI.

L'unité repose sur trois fondements : la souveraineté nationale en est le principe, le suffrage universel en est l'expression, le gouvernement en est le corollaire et l'exécution.

XII.

Le pouvoir exécutif sortant de la nation ne peut en sortir qu'avec son esprit, sa volonté sa conscience. Il n'est pas une dynastie, un parti, une famille, un homme. Il est un peuple.

XIII.

Le pouvoir exécutif doit avoir seul le gouvernement du pays. Tout pouvoir qui ne gouverne pas est fatalement entraîné à abdiquer ou à opprimer. Le gouvernement propose et promulgue les lois. Le Corps législatif les discute, les accepte ou les repousse. Le pouvoir judiciaire les applique. Ainsi se trouve garanti ce principe désormais passé à l'état d'axiome : « La séparation des pouvoirs est la première condition d'un gouvernement libre. »

XIV.

Une constitution, pour être durable, ne doit pas laisser en lutte d'animosité et de renversement deux pouvoirs réunis de la même origine, qui doivent concourir, dans l'intelligence et dans l'harmonie des vues, au bonheur de la patrie commune.

C'est pour cela qu'il importe de circonscrire chacun des grands pouvoirs de l'État dans ses attributions, en accordant au gouvernement la proposition, la promulgation et l'exécution des lois, et au Corps législatif la discussion et la délibération.

C'est pour cela encore qu'il est essentiel de créer deux branches de législature. Une Assemblée unique n'est plus qu'une dictature et la pire de toutes, car elle a plusieurs têtes, comme l'hydre de la fable. On n'y fait pas de la législature, mais de l'agitation. Avec deux Assemblées, l'équilibre est plus facilement maintenu, et la délibération devient plus sérieuse. Les lois, en passant par cette double filière, où les suivent les orateurs du gouvernement, ne courent plus le risque d'être emportées par l'étourderie ou par la violence.

XV.

L'initiative parlementaire, contre-poids sous une monarchie où le prince prétend régner seul de son chef, précaution jalouse, mais prudente sous un gouvernement comme celui de l'Angleterre, n'est qu'un contre-sens sous un gouvernement dont le chef tient ses pouvoirs du peuple, et où les défiances de la législature ne seraient qu'impossibles. C'est le peuple qui gouverne lui-même par les mains de l'élu qu'il a choisi, et qui ne peut lui être suspect. Il est évident qu'un simple député, qui tient son mandat d'une fraction minime des électeurs n'est pas dans une sphère assez élevée pour apprécier les besoins de la législation et du pays. L'exercice désordonné, et presque toujours stérile, de l'initiative parlementaire a jeté d'ailleurs le trouble dans les idées et dans les intérêts. Il est temps que cette machine de guerre soit brisée. La violence seule y perdra. La vraie liberté n'y perdra rien.

XVI.

Les lois ne sont que des moyens de mettre en œuvre la justice du pays. L'initiative est donc le premier instrument du gouvernement. Il n'y a pas de responsabilité véritable sans initiative gouvernementale. Les initiatives parlementaires viennent expirer d'impuissance aux pieds des ministres. Elles entravent sans arrêter. Elles sont un moyen d'agitation sans être une force de domination. Quand on ne les déjoue pas par la stratégie, on les paralyse par l'inertie.

XVII.

L'interpellation n'est qu'une arme d'opposition. Un représentant en veut-il à un ministre pour une faveur repoussée ou pour une prétention éconduite? il interpelle. Tel orateur important veut-il provoquer une crise ministérielle à son profit ou dans l'intérêt de ses amis? il interpelle. Tel tribun de hasard veut-il faire parade de phrases vides et de gestes faux? il interpelle. Interpellation pour tout et pour rien! Il en résulte que le gouvernement est énervé, que la tribune est dégradée, que le pays est fatigué et dégoûté. Beau résultat, n'est-ce pas?

XVIII.

Les Assemblées doivent délibérer et non passionner. Elles sont instituées pour seconder le gouvernement et non pour l'entraver. Les Assemblées n'ont été depuis soixante ans que des camps armés, où les partis nous ont donné tour à tour le spectacle de leurs tournois, de leurs luttes, de leurs déchirements et de leurs convulsions. Il est temps qu'elles deviennent des ateliers, où des hommes instruits et spéciaux façonneront et perfectionneront les institutions dans l'intérêt du pays.

XIX.

Le gouvernement parlementaire est le gouvernement d'un pays troublé, tandis que le gouvernement représentatif est celui d'un pays sérieux et reposé. Il y a entre le premier et le second tout juste la même différence qu'entre un souverain révolté et un souverain consulté.

XX.

Il est impossible que les ministres puissent mener les affaires du pays et les débats passionnés d'une Assemblée. Les ministres doivent être des hommes sérieux et appliqués, assidus à l'expédition des immenses affaires qu'ils ont à conduire, gens d'action plutôt que de parole. Mêlés aux partis, ils ne s'appartiennent plus et échappent à l'influence dont ils sont les agents. Ils compromettent le pouvoir quand ils ne le trahissent pas. Si, au contraire, ils restent étrangers aux combinaisons et aux intrigues qui s'ourdissent inévitablement partout où plusieurs hommes se trouvent réunis, ils dominent toutes les coteries, et ils conservent au gouvernement une indépendance qui est en même temps sa force et sa dignité.

XXI.

La responsabilité des ministres doit être justement déterminée. Mais le pouvoir législatif ne peut pas avoir de priviléges d'irresponsabilité. Qu'on n'oublie pas cependant que pour un gouvernement tout d'opinion, la garantie est dans l'opinion d'abord, dans la publicité des actes officiels, dans le contrôle scrupuleux de la comptabilité, dans l'usage raisonnable et modéré d'une liberté réglée par les lois, dans le suffrage universel, principe de l'élection, et surtout dans le soulèvement de la conscience publique, auquel aucun gouvernement fondé sur la souveraineté nationale ne saurait résister.

XXII.

La profonde erreur des partisans absolus du régime parlementaire a été de s'imaginer que sous la République l'Assemblée était omnipotente. Erreur bien grande, en effet! même sous la République, il n'y a que la nation d'omnipotente. Une Assemblée n'est qu'un pouvoir. Elle ne peut pas être une souveraineté.

XXIII.

La France souveraine comme elle l'a été dans le scrutin du 21 décembre; le pouvoir exécutif remis à l'Empereur avec l'exercice de cette souveraineté; l'unité, base essentielle de l'autorité et de la liberté, se faisant par sa main, avec le concours de tous les grands corps de l'État, Assemblée des représentants, Sénat, magistrature, armée, administration, pour l'aider, le fortifier, le tempérer et le modérer au besoin; la France rassurée, dirigée et protégée dans des institutions où elle se sentira vivre de la vie morale et matérielle; les partis convertis plutôt que vaincus, s'absorbant et se confondant dans la nation qui réclame pour elle le courage et le talent qu'ils ont dépensés si inutilement au profit de leurs idées; la religion respectée, l'instruction propagée et purifiée, l'administration simplifiée, les impôts équitablement répartis, la paix affermie sans humiliation ni concession, le progrès sagement élaboré et hardiment accompli; en un mot la civilisation française, cette vieille civilisation qui a fécondé et éclairé le monde, reprenant son cours régulier et donnant autant de bonheur à la France sous le gouvernement de Napoléon III, qu'elle lui a donné d'éclat, de grandeur et de gloire sous les rois ou sous les chefs qui en ont été tour à tour les apôtres, les soldats ou les héros : voilà ce qu'il faut attendre de l'application loyale de la nouvelle constitution!

Dieu veuille que cette loi qui a été donnée à la France soit appliquée avec cet esprit de justice et de sagesse, qui seul peut imprimer la durée aux œuvres des hommes!

Avant d'écrire la loi de son pays, Solon s'écria : « Je jure d'être juste. » Solon fut juste en effet, et il fut immortel!

LES DEUX EMPIRES.

Jamais la mission de l'Empereur n'a été mieux définie que dans ces admirables paroles de son héritier :

« L'Empereur fut le médiateur entre deux siècles ennemis. Il tua l'ancien régime en rétablissant tout ce que ce régime avait de bon ; il tua l'esprit révolutionnaire en faisant triompher partout les bienfaits de la révolution. »

Ce passage du mémorable discours de Lyon est un de ceux qui ont le plus vivement saisi l'opinion. Il éclaire toute une époque, dont le véritable sens politique échappe encore à certains esprits, à travers les éblouissements de sa propre gloire. Il montre dans l'Empereur, à côté du grand conquérant, le grand civilisateur, et, à côté du génie de la guerre, le génie de la paix et du gouvernement.

L'Empire, en effet, fut plus qu'une sublime épopée. Il fut aussi le résultat d'un long travail de l'esprit humain, et l'avénement définitif dans nos institutions du principe chrétien de l'égalité civile, réconcilié et combiné avec le principe d'autorité. Le héros qui guidait nos soldats dans ces campagnes immortelles où le génie et le courage triomphaient toujours de la force et du nombre, était en même temps le restaurateur de la religion et de l'autorité; il était enfin le législateur de ce Code impérissable où le droit, la justice et la liberté ont été consacrés par des garanties si solides qu'aucune révolution n'a réussi à les ébranler.

Le grand homme d'État a été effacé un moment par le grand homme de guerre. La génération qui a suivi celle de l'Empire était trop éblouie pour y voir clair dans cette époque. Elle ne voyait que sa gloire, et elle n'apercevait pas encore ses œuvres. Les escadrons qui passent, les drapeaux qui flottent, le canon qui tonne, les victoires qui retentissent, les trônes qui croulent, les nationalités qui se déplacent, le monde qui s'ébranle, tous ces prodiges, toutes ces merveilles occupent et absorbent longtemps l'imagination publique. Pour de tels souvenirs, l'histoire devient populaire comme une légende. Ce n'est qu'à de longues distances qu'elle apparaît avec ses aspects multiples et qu'elle devient impartiale et claire comme une vérité.

La justice de l'histoire ne sera jamais épuisée pour le Napoléon de la guerre et des batailles; cette justice sera immortelle comme sa gloire. Nous croyons qu'elle commence à peine pour le Napoléon du Code civil et du concordat, pour le grand réformateur qui, selon l'expression du discours de Lyon, a été le médiateur de deux siècles ennemis.

Ces siècles ennemis apportaient chacun

leur vérité : l'un apportait l'autorité dans la tradition ; l'autre, l'égalité dans la révolution.

L'autorité dans la tradition était une sorte de dogme mystique, sans certitude, sans consécration, qui faisait procéder, non le pouvoir humain, qui est toujours divin dans son principe, mais la forme périssable, mobile et matérielle de ce pouvoir, de Dieu lui-même, comme si Dieu pouvait être solidaire des institutions qui ne sont que la forme accidentelle des sociétés qu'il dirige. Napoléon dégagea l'autorité de ce mysticisme ; il la replaça sur sa base inébranlable, celle du droit ; il proclama la souveraineté de la nation libre, et il ne fut que l'instrument et le règne de cette souveraineté personnifiée en lui sur le trône.

L'égalité dans la révolution n'était qu'une utopie exagérée jusqu'à la folie. On l'invoquait pour tout renverser. Napoléon ne l'invoqua que pour tout organiser. Il la dégagea, avec la puissance de son génie, de la fausse philosophie qui la dénaturait, et il l'introduisit hardiment et sagement dans les lois, en l'appropriant aux mœurs et aux besoins de la société.

Voilà son œuvre! Il a fondé l'autorité sur le droit. Il a établi l'égalité dans la justice. Il a emprunté à l'ancien régime ce qui était nécessaire; il a tiré de la révolution ce qui était vrai; et, par cette double combinaison, il a réconcilié deux siècles ennemis; il a fondé la civilisation moderne!

Chose bien remarquable! c'est la même œuvre que son neveu accomplit aujourd'hui, et c'est pour cela qu'il est son héritier bien plus pour continuer sa mission que pour perpétuer son nom. Aujourd'hui comme à la fin du dernier siècle, nous sortons d'une crise suprême. Voyez ce que nous étions avant le 2 décembre! Tout est ébranlé, tout est menacé, tout est confondu. La société est malade. Les notions du juste et de l'injuste sont obscurcies;

l'immoralité déborde. Les partis vont se déchirer, et c'est l'anarchie qui va sortir de cette horrible mêlée. Où est la vérité? où est l'erreur? où est le droit? où est la force? on ne le sait plus. Les meilleures consciences hésitent. Les intelligences les plus sages s'égarent. Les hommes d'État ne sont plus que des rhéteurs. Il semble que cette nation soit frappée de vertige et d'aveuglement!

Louis-Napoléon, impassible comme la conscience, ferme et résolu comme la volonté, se redresse tout à coup, et par l'initiative la plus hardie dont l'histoire offre l'exemple, il dissout les partis, il brise les intrigues, il déjoue les conspirations, et il terrasse l'anarchie avant même qu'elle ait eu le temps de former les rangs de ces bandes odieuses de pillards et d'assassins qui ne se sont montrés sur quelques points de la France que pour se déshonorer dans les plus lâches excès, presque aussitôt réprimés que commis.

L'esprit révolutionnaire était donc tué de nouveau par le neveu, comme il l'avait été un demi-siècle plus tôt par l'oncle. Mais aujourd'hui, comme autrefois, les bienfaits de la révolution ne devaient en triompher que plus sûrement. Qu'est-ce donc, en effet, que la politique de Louis-Napoléon depuis le 2 décembre, si ce n'est l'application régulière, pratique, mesurée de tout ce que la révolution de 1789 renferme de juste et de vrai? Nous le disons en toute sincérité : nous ne croyons pas qu'aucun gouvernement ait fait autant que le sien pour l'amélioration morale et matérielle du peuple. On a beaucoup parlé de la démocratie depuis quelque temps. Si ce mot n'est pas un anachronisme et un mensonge, s'il veut dire, comme nous le croyons, progrès, civilisation, unité, justice et conciliation, Louis-Napoléon est le véritable fondateur de la démocratie française.

Ce que l'empereur avait organisé dans

ses institutions, son héritier le réalisera dans les faits. Ces grandes institutions administratives, financières et politiques de l'Empire, perfectionnées par le temps, agrandies par les mœurs, pourront désormais porter leurs fruits. Elles sont assez vastes pour contenir le peuple tout entier. Elles offrent à tous les partis un asile honorable; elles permettent à tous les hommes de cœur et d'intelligence de servir la patrie sans s'abdiquer et sans s'humilier; elles sont la garantie la plus certaine de l'indépendance nationale, de la force de l'autorité, de la puissance du progrès; elles sont en un mot le lien qui rattache la France ancienne à la France moderne en organisant la grandeur du pouvoir à l'image de la grandeur du peuple.

Voilà l'Empire! Ce type impérissable dans l'histoire peut se reproduire, perfectionné et amélioré dans l'avenir. Il peut se reproduire avec ses avantages sans ses inconvénients. L'autorité sans les abus de la force, la grandeur de la France sans les périls de la guerre, l'unité du pouvoir sans l'exagération du gouvernement, la protection et la justice à tous, tel serait son programme. — C'est celui que Louis-Napoléon lui-même a tracé quand il a dit à Lyon : « Fidèle serviteur du pays, je n'envierai jamais qu'un but, c'est de reconstituer dans cette nation, si bouleversée par tant de commotions et par tant d'utopies, une paix basée sur la conciliation pour les hommes, sur l'inflexibilité des principes d'autorité, de morale, d'amour pour les classes laborieuses et souffrantes, de dignité nationale. »

L'Empire ainsi compris ne peut être un sujet d'inquiétude pour personne; il est une garantie de prospérité pour la France et de sécurité pour l'Europe; il n'ébranle rien ; il consolide tout. Il n'est pas un accident de la vie politique, mais un résultat de la vie nationale.

C'est cet Empire que des millions

d'hommes acclamaient il y a quelques jours, et que des millions de voix viennent de consacrer avec une unanimité sans exemple dans l'histoire. Ne nous en étonnons pas ! Le peuple a un admirable instinct de gouvernement que l'on égare parfois, mais que l'on ne dénature jamais. Il sait mieux que les hommes d'État les plus forts où sont les conditions de son salut et de sa grandeur. En 1848, au moment même où le socialisme débordait, il se riait des prétentions qui voulaient livrer le pouvoir aux favoris passagers de la popularité révolutionnaire. Il élevait le neveu de l'Empereur à la présidence de la République. A ses yeux déjà, ce nom de Bonaparte voulait dire : force, stabilité, gloire, avenir ; il prenait ce nom de l'homme, comme une image et un souvenir de l'institution dont il était la personnification.

Le nom n'a plus suffi bientôt à cette ambition désintéressée du peuple, qui n'est autre chose que l'ambition de la grandeur de la patrie dans celle du pouvoir qui la dirige. Il lui a fallu l'institution! Après avoir voulu un Bonaparte, il a voulu un Empereur. Il l'a désormais. C'est le même instinct qui le poussait; c'est à la même pensée qu'il a obéi. L'Empire, pour lui, ce n'est pas seulement le couronnement d'un homme et la restauration d'une dynastie : c'est avant tout la France élevée à sa plus haute puissance et retrouvant dans les luttes fécondes de la civilisation et dans les conquêtes pacifiques du travail cette souveraineté de son génie dont Louis XIV avait fait l'apanage de son passé, et dont Napoléon a fait le droit et la nécessité de son avenir.

L'EMPIRE

PEUT-IL AMENER LA GUERRE?

L'Empire est proclamé. Nous avons dit ce qu'il sera vis-à-vis de la France, de la civilisation, de la religion et de la société. Examinons maintenant ce qu'il doit être vis-à-vis de l'Europe.

Il y a un mot auquel on a longtemps pensé malgré soi quand on parlait de l'Empire; un mot qui heureusement ne se dit plus depuis le mémorable discours de Bordeaux, mais qui s'est murmuré pendant quelques jours comme une confidence et une inquiétude, et comme une rumeur de quelque grande crise européenne prête à faire trembler l'Europe.

Ce mot c'est: LA GUERRE!

Aurons-nous la guerre? Un nouveau traité de Pilnitz va-t-il se signer contre la France? L'Europe est-elle à la veille d'une conflagration générale? Sommes-nous en 1804! Ne craignons pas de poser ces questions. Nous pouvons les résoudre non par des arguments, mais par des faits.

Il faut deux choses pour faire la guerre: une cause et un but.

Quelle est la cause, quel serait le but?

S'agit-il de remanier la carte du monde? Y a-t-il une succession d'empire à disputer entre deux trônes? Y a-t-il une influence à sauvegarder sur un continent ou sur un océan? L'Angleterre veut-elle dominer l'Égypte? La Russie veut-elle absorber la Turquie? La Prusse s'avance-t-elle déjà vers Neufchâtel? L'Autriche entend-elle nous expulser de Rome? Non. Rien de semblable n'apparaît à l'horizon. Tout est calme et stable. Aucune ambition ne s'impose. Les gouvernements européens, plus ou moins troublés par l'orage qui a passé sur les peuples, ne demandent qu'à vivre tranquilles dans l'inviolabilité de leur droit et dans la sécurité de leur force.

Pourquoi donc l'Europe songerait-elle à faire la guerre?

Nous ne savons pas l'avenir que Dieu réserve à notre patrie. Mais, quel que soit cet avenir, nous croyons qu'il faut le dégager de certaines craintes et de certaines prévisions. Non, il n'est pas possible que la France ait jamais à prévoir ou à craindre une agression de l'Europe, à propos de l'exercice légitime de sa souveraineté. Quoi que décide cette souveraineté, elle est inviolable à l'étranger : quelle consacre la République ou qu'elle la répudie; qu'elle écussonne son gouvernement d'une aigle ou d'une fleur de lis, elle n'a de compte à rendre à personne, et personne n'aurait l'audace de lui en demander. Il n'y a pas de traité qui puisse prévaloir contre ces maximes qui sont les traités imprescriptibles de l'indépendance et de la dignité d'un peuple.

Est-ce d'ailleurs bien sérieusement que l'Europe pourrait invoquer les traités de 1815 contre la France, à propos de l'usage qu'il lui plairait de faire un jour ou l'autre, pour telle ou telle cause, de son droit de souveraineté? Quelle est donc la valeur politique de ces fameux traités? Pour l'apprécier sérieusement il faut se reporter aux circonstances qui les ont amenés et à l'époque dont ils marquent le caractère. Alors l'Europe sortait d'un long ébranlement; toute son organisation ancienne avait été bouleversée par la révolution française et par l'Empire. Napoléon avait changé les frontières, détrôné les dynasties, institué des rois, distribué des nationalités, et arrangé les territoires et les États sous sa main, comme les pièces d'un échiquier qu'il plaçait et déplaçait à son gré. Le vieux droit avait disparu; il ne restait plus que le droit de la souveraineté et de la gloire française incarné dans un homme.

Quand le géant tomba sous l'effort de tous ses ennemis coalisés et dans la lassitude de la France elle-même, fatiguée de gloire, il y eut contre lui une réaction immense de toutes les forces, de toutes les prétentions, de toutes les traditions qu'il avait humiliées, renversées et déracinées. A la guerre universelle dont il fut le héros succéda la monarchie universelle dont les traités de 1815 furent le titre. Les rois, qui avaient été entraînés par la solidarité de leurs principes s'unirent par la solidarité de leur intérêt. Il fut entendu qu'ils se prêteraient mutuel appui et qu'aucun d'eux ne serait menacé dans son droit sans être aussitôt protégé par tous.

La Restauration allant, pour son propre compte et pour celui de l'Europe, rétablir Ferdinand VII à l'Escurial, ne faisait que se conformer strictement aux traités de 1815. La guerre d'Espagne ne fut pas seulement une guerre française et bourbonnienne, elle fut avant tout une guerre monarchique.

Il est évident que si, à cette époque, la veuve de Napoléon, rejetant avec mépris sa couronne ducale, avait eu assez d'audace pour venir chercher en France la couronne impériale de son fils, et assez de prestige et de bonheur pour réussir, une troisième coalition et une troisième invasion devenaient inévitables. L'Europe reconstituée dans son intégrité monarchique, ne pouvait pas laisser se relever ce nom de Bonaparte qui était pour elle une terreur et une menace. Il y avait un Waterloo inévitable au bout de chaque retour de l'île d'Elbe.

Mais cette intégrité monarchique, que l'Europe avait reconstituée par les traités de 1815, existe-t-elle aujourd'hui? L'héritier de Louis XVIII est-il aux Tuileries? la Belgique est-elle restée sous le sceptre des Nassau? La loi salique a-t-elle été res-

20

pectée en Espagne? De quel droit voudriez-vous donc imposer à la France le respect des traités de 1815, dans une disposition tout accidentelle, quand vous les avez abandonnés dans leur principe et dans leur esprit?

Comment! la monarchie française est tombée, tombée deux fois en 1830 et en 1848, la première fois dans son droit traditionnel et la seconde fois dans son droit constitutionnel, et vous n'avez rien dit! Comment! la Belgique s'est révoltée contre son souverain; elle a rompu le lien qui l'unissait à la Hollande; elle s'est donné un roi et des institutions qui lui convenaient, et vous n'avez rien dit!

Comment! l'Espagne a changé la forme de son gouvernement, elle a fait en 1833 ce qu'on ne lui avait pas laissé faire en 1823; elle a jeté à l'exil un droit et une dynastie; elle a recueilli une couronne de la main défaillante d'un roi mourant, pour la placer, par la main d'une mère et par l'audace d'une révolution, sur le front d'un enfant, et vous n'avez rien dit!

Vous avez laissé déchirer ces traités, et vous voudriez aujourd'hui en recoudre les lambeaux pour mettre la France en interdit et sa souveraineté en servitude? Vous ne le voulez pas. Vous ne le pouvez pas!

L'Europe ne veut pas faire la guerre. Sa sagesse le lui défend.

L'Europe ne peut pas faire la guerre. Son intérêt le lui commande.

Elle ne le veut pas; elle ne le peut pas: voilà la double garantie de la paix.

Et en effet si l'Europe avait voulu et avait pu faire la guerre, elle n'aurait pas attendu jusqu'à ce jour pour réclamer le respect des traités de 1815.

Elle l'aurait faite en 1830, quand la vieille monarchie s'écroulait, quand la Belgique se soulevait, quand la Pologne se relevait, quand l'Italie renaissait.

Elle l'aurait faite en 1848, quand les

monarchies constitutionnelles elles-mêmes disparaissaient, quand l'émeute brûlait le trône sur la place de la Bastille, et quand la République établie à l'Hôtel de Ville apparaissait aux rois, du haut de son balcon, comme une menace et aux peuples comme une espérance.

L'Europe n'a pas fait la guerre à ces deux dates mémorables de l'ébranlement monarchique, qui fut aussi l'ébranlement social. Elle est restée dans l'attitude de l'expectative et de la prudence; elle n'a pas voulu mettre le feu au monde et jouer une partie de désespoir dans une lutte suprême. Elle a témoigné ainsi de sa haute sagesse. L'histoire le dira et l'honorera pour cette conduite, qui a sauvé la société et la civilisation.

Certes, si l'Europe avait voulu ou pu faire la guerre, l'occasion était belle à ces deux époques, surtout en 1848. Jamais prétexte plus légitime ne fut donné à ces défiances. Avons-nous besoin de rappeler que M. Ledru-Rollin gouvernait à l'Hôtel de Ville; que M. Louis Blanc prêchait au Luxembourg; que les clubs débordaient de haines et de vengeances; que les Polonais, les Italiens, les Allemands organisaient publiquement la propagande; que Paris tout entier ressemblait à un camp d'où la révolution allait s'élancer sur le monde pour le soulever? Avons-nous besoin de rappeler cette aventure de *Risquons-Tout*, qui montrait la main d'une fraction du gouvernement dans la complicité d'une attaque odieuse contre un peuple allié? L'Europe resta immobile, l'arme au bras, devant cette situation; elle attendit que la France réagît par son seul bon sens et son seul intérêt, contre ces excès et ces folies. Quant aux traités de 1815, il n'en fut pas question. Il s'agissait bien alors de la lettre d'un traité! il s'agissait de la vie et du salut des peuples!

La guerre, c'est la révolution! Voilà ce qui la rend impossible pour l'Europe.

Chaque gouvernement européen a en lui-même une cause de perte qui doit être une raison de prudence. L'Autriche est placée entre l'Italie et la Hongrie. La Prusse touche aux provinces rhénanes. La Russie a une Pologne attachée à son flanc, selon la belle expression de M. Berryer, et l'Angleterre porte l'Irlande comme un fardeau et comme un remords. Ce n'est que par la paix que tous ces peuples peuvent être contenus dans leur essor de nationalité et dans leur élan de liberté. Au premier coup de canon tiré sur le Rhin, ils se relèveraient de leur servitude, et nous verrions inévitablement se former la coalition de l'esprit français contre l'esprit européen.

Nous ne voulons pas jouer cette partie désespérée. Dieu nous garde d'éprouver à ce prix la force invincible du droit nouveau dont la France porte le drapeau. La propagande violente a fait son temps. Ce n'est plus par des victoires que la France doit éblouir les peuples. C'est par ses institutions et par le progrès dont elle est l'initiatrice, qu'elle doit les rallier et les attirer. Nous sommes convaincu que le prince qui la gouverne n'a pas d'autre ambition. Après un Napoléon de la conquête, il n'y a plus de place que pour un Napoléon de la paix. L'Europe le comprend déjà, nous en avons la certitude, et elle sait que dans ce grand nom qu'elle retrouve au sommet de son pouvoir après une longue éclipse, il n'y a que la manifestation de la souveraineté d'un grand peuple, qui, voulant être respecté de tous ne veut opprimer personne.

LE PROGRAMME DE L'EMPIRE.

Selon la remarque de l'illustre cardinal-archevêque de Bordeaux, cette ville si pleine de souvenirs a eu un grand honneur, car c'est elle qui donnera son nom à l'un des actes les plus importants que notre époque aura à léguer au jugement de l'histoire.

La déclaration que le prince Louis-Napoléon a faite à Bordeaux, en réponse à l'expression des vœux et des sentiments de cette magnifique cité, est plus qu'un discours ; c'est le programme de l'Empire.

Commençons par constater un des résultats importants de ce discours. L'Empire a été accepté comme un glorieux héritage et comme un grand devoir par Louis-Napoléon, après avoir été demandé et acclamé par la France tout entière comme une nécessité de son avenir, un résultat de sa civilisation et une condition de sa puissance politique et morale.

Pour la première fois depuis son départ de Paris, le prince est sorti de la réserve qu'il s'était imposée. Avant de s'expliquer, il a longtemps écouté; il a écouté la voix de l'opinion parlant par toutes les bouches, celles des pontifes, celles des magistrats, celles de l'armée, celles des propriétaires, celles des laboureurs, celles des ouvriers, celle du peuple enfin de tous les états et de toutes les contrées, au nord comme au midi, dans les provinces naguère les plus hostiles au gouvernement, partout où l'on pense, partout où l'on travaille, partout où vivent l'instinct, le sentiment et la conscience de la patrie; tout ce qu'il a entendu depuis son premier pas hors du palais qu'il habite, en quittant la capitale et sur son passage, d'une extrémité à l'autre du territoire, pouvait l'entraîner et l'éblouir. Il est resté calme, simple et modeste ; il a dominé par son sang-froid tous les enivrements de la fortune et tous les triomphes de la popularité ; il a comprimé, sous l'inflexibilité de son patriotisme, les élans de l'ambition la plus légitime, et quand son cœur était le plus ému, sa raison restait ferme et attentive. « Je ne sais pas encore, disait-il à Lyon, sous quel titre je puis rendre les plus utiles services. » Mais après tant de manifestations aussi spontanées que décisives, l'hésitation n'était plus possible ; et, cédant enfin à des vœux irrésistibles, le noble libérateur de la société et de la civilisation européenne a répondu aux acclamations non-seulement de Bordeaux, mais de toutes les villes qu'il a traversées, par une déclaration catégorique et formelle.

« L'Empire est fait ! » s'écriait M. Thiers à la tribune. Ce mot fameux se trouve vrai aujourd'hui, non dans le sens que lui donnait le spirituel orateur, mais dans un sens tout différent et tout nouveau, qu'il n'avait pas prévu. Il est fait par la volonté libre de la France, par l'élan de sa reconnaissance pour l'homme qui l'a sauvée, et de son admiration pour le nom qui l'a glorifiée et le génie si incomparable qui a tiré une société nouvelle des ruines du monde ancien; il est fait par le respect de l'autorité qui renaît dans les âmes, et dont il est tout à la fois la semence et le fruit; il est fait par le sentiment inné de la grandeur de la patrie qu'il symbolise par tous les souvenirs qu'il rappelle; il est fait enfin par l'un de ces mouvements prodigieux de l'opinion qui ne s'analysent pas, qui ne se dirigent pas, et dont l'impulsion mystérieuse, comme la main de la Providence, est irrésistible comme elle pour arracher les peuples aux entraînements qui les perdent, et pour les conduire aux destinées qui les sauvent.

Il y a loin de cet Empire, qui n'est que

le résultat de l'œuvre sociale, et que la France a imposé avant que Louis-Napoléon l'ait accepté, à cet autre Empire de surprise et de hasard annoncé par M. Thiers. Nous cherchons vainement sur cette scène immense qui s'apprête pour l'un des plus grands actes de l'histoire, les prétoriens en débauche qu'un général ne craignait pas de montrer un jour dans ces soldats héroïques qui ont donné leur sang pour la cause de la société. Nous n'y voyons que la main du peuple qui relève la patrie de son abaissement, et la main de Dieu qui la bénit dans ses nobles efforts.

Nous y voyons aussi un homme qui n'est ni un ambitieux, ni un prétendant, mais un législateur éclairé, un fondateur d'institutions et de gouvernements, et qui s'élève à la grandeur de sa destinée, bien moins par la grandeur de son nom que par celle de son caractère et de sa sagesse. Avant d'accepter légalement l'Empire d'un vote libre et régulier de la nation, Louis-

Napoléon en a tracé le programme. Il ne procède pas comme ces auteurs imprévoyants qui n'écrivent leur préface qu'après leur livre. Il sait ce qu'il veut et où il va; il a une pensée, un principe, un but. Avant d'édifier l'œuvre, il en a montré le plan. Nous n'avions pas encore un Empereur et nous avions déjà le programme de l'Empire.

Qu'est-ce donc que l'Empire? Est-ce la force? Est-ce la guerre? Est-ce l'asservissement de l'esprit humain? Est-ce l'absorption d'un peuple dans un homme? Est-ce la conquête des nationalités et des trônes? La France veut-elle se redresser dans un de ces efforts sublimes que commandent les grands périls et qu'inspirent les grands dévouements? L'Europe veut-elle s'ébranler pour protéger ses frontières et menacer les nôtres? Nos escadres sont-elles prêtes à faire voile vers l'Égypte, et nos armées à marcher sur les Pyrénées ou sur le Rhin? L'agriculture, l'industrie, le travail, seront-ils sacrifiés à des témérités de gloire? Tout ce mouvement immense de productions, de consommations et d'échanges, auquel les canaux et les chemins de fer ouvrent chaque jour des débouchés nouveaux, tout ce mouvement d'intérêts, d'idées, qui est la vie, la richesse, la dignité, la liberté des nations, s'arrêtera-t-il tout à coup devant le choc des armées et le bruit des batailles? En un mot, que veut Louis-Napoléon? Veut-il imiter l'œuvre de son oncle ou la continuer? Veut-il chercher dans la poussière les traces de ses pas de conquérant ou faire revivre son génie d'organisation? Est-il un grand nom ou un grand homme?

Le programme de l'Empire que Louis-Napoléon a daté de Bordeaux répond à ces questions et résout le problème pour la France et pour l'Europe. L'Empire, c'est la paix sans faiblesse et sans concession. L'Empire, c'est le progrès possible sans utopies et sans précipitation. L'Empire, c'est l'amélioration morale et matérielle des classes souffrantes, sans illusions et sans déceptions. L'Empire, c'est la religion associant l'influence salutaire de ses divins préceptes de la puissance sociale pour en consacrer le respect et en prévenir les erreurs. L'Empire, c'est la réconciliation des partis dans l'unité de la patrie qui absorbe tout et qui résume tout. L'Empire, en un mot, ce n'est pas l'imitation du passé, c'est l'acceptation de l'avenir, dirigé, ennobli et enrichi de tout ce que la tradition a légué, de tout ce que l'innovation a créé, et de tout ce que le temps apporte à l'expérience de perfectionnements nouveaux dans la civilisation humaine.

Voilà l'Empire tel que Louis-Napoléon l'a défini dans cet admirable discours qui sera une page de l'histoire; et ici, nous en appelons à toutes les hautes intelligences, à toutes les âmes généreuses : ce programme, qui n'a rien de banal, rien de calculé, où tout est vivant parce que tout y est vrai et spontané, ce programme ne répond-il pas exactement à l'idéal que chacun de nous portait dans sa conscience? Qui que nous soyons, républicains, légitimistes, orléanistes, n'avons-nous pas cherché, les uns et les autres, un gouvernement plus noble que nos préférences, plus national que nos convictions, un gouvernement noble comme la patrie, ferme comme la conscience, résolu à faire le bien, inflexible dans le vrai et dans le juste, n'ayant ni préjugés, ni rancunes, ni antipathies, et se plaçant énergiquement à la tête de la nation pour utiliser toutes ses forces et pour réaliser toutes ses espérances? Ce gouvernement, nous en avons le programme sous les yeux. L'avenir dira si nous devons en avoir la réalité dans l'Empire qui vient de se relever.

L'heure marquée par la volonté de la France a déjà sonné. Huit millions de voix ont consacré la légitimité de Napoléon III. L'Empereur règne aux Tuileries. Que les destinées de notre chère patrie s'accomplissent ! Dieu, qui la protége, inspirera celui qui, après avoir eu assez de courage pour gouverner, aura, nous l'espérons, assez de vertu pour régner.

Voici quelques pensées extraites des discours officiels de Louis-Napoléon pendant sa présidence de la République. Elles ont été recueillies au hasard, parmi beaucoup d'autres tout aussi justes, et tout aussi nettes. Ce sont des médailles qui portent l'empreinte de l'esprit qui les a conçues. Nous les donnons ici pour compléter cette étude, qui recevra une nouvelle lumière de ces courtes citations. Les plus grands moralistes et les plus profonds penseurs ne désavoueront aucune de ces maximes, frappées au coin de cet éclatant bon sens, qui est le véritable génie d'un chef de gouvernement.

PENSÉES POLITIQUES

DE

L'EMPEREUR NAPOLÉON III.

I.

Quand on a l'honneur d'être à la tête du peuple français, il y a un moyen infaillible de faire le bien : c'est de le vouloir.

II.

Ce qui donne une force irrésistible, même au mortel le plus humble, c'est d'avoir devant lui un grand but à atteindre, et derrière lui une grande cause à défendre.

III.

Aujourd'hui c'est encore à la foi et à la conciliation qu'il faut faire appel : à la foi, qui nous soutient et nous permet de supporter toutes les difficultés du jour ; à la conciliation, qui augmente nos forces et nous fait espérer un meilleur avenir.

IV.

Il est temps que les bons se rassurent et que les méchants tremblent.

V.

Chaque jour me le prouve, mes amis les plus sincères, les plus dévoués ne sont pas dans les palais, ils sont sous le chaume ; ils ne sont pas sous les lambris dorés, ils sont dans les ateliers, dans les campagnes.

VI.

Le meilleur moyen de réduire à l'impuissance ce qui est dangereux et faux, c'est d'accepter ce qui est vraiment bon et utile.

VII.

Le but le plus noble et le plus digne d'une âme élevée n'est point de rechercher quand on est au pouvoir par quels expédients on s'y perpétuera, mais de veiller sans cesse aux moyens de consolider, à l'avantage de tous, les principes d'autorité et de morale, qui défient les passions des hommes et l'instabilité des lois.

VIII.

Au commencement du XVIIe siècle, ce n'était pas pour le triomphe des idées insensées de quelques fanatiques, prenant la Bible pour texte et pour excuse de leurs folies, que le peuple anglais lutta pendant quarante ans, mais pour la suprématie de sa religion et le triomphe de sa liberté.

De même, après 89, ce n'était pas pour les idées de Babeuf ou de tel autre sectaire que la société fut bouleversée, mais pour l'abolition des priviléges, pour la division de la propriété, pour l'égalité devant la loi, pour l'admission de tous aux emplois.

Eh bien! encore aujourd'hui ce n'est pas pour l'application de théories inapplicables ou d'avantages imaginaires que la révolution s'est accomplie, mais pour avoir un gouvernement qui, résultat de la volonté de tous, soit plus intelligent des besoins du peuple et puisse conduire, sans préoccupations dynastiques, les destinées du pays.

Notre devoir est donc de faire la part entre les idées fausses et les idées vraies qui jaillissent d'une révolution ; puis cette séparation faite, il faut se mettre à la tête des unes et combattre courageusement les autres.

IX.

Les sociétés ne se transforment pas au gré des ambitions humaines ; les formes changent, la chose reste. Malgré les tempêtes politiques survenues depuis 1815, nous ne vivons encore que grâce aux larges institutions fondées par le Consulat et l'Empire ; les dynasties et les chartes ont passé, mais ce qui a survécu et ce qui nous sauve, c'est la religion, c'est l'organisation de la justice, de l'armée, de l'administration.

X.

Disons-le donc hautement, ce sont les grands principes, les nobles passions, telles que la loyauté et le désintéressement, qui sauvent les sociétés, et non les spéculations de la force et du hasard.

XI.

Le repos a son danger. Les périls réunissent, la sécurité divise.

XII.

La France ne veut ni le retour à l'ancien régime, quelle que soit la forme qui le déguise, ni l'essai d'utopies funestes et impraticables. C'est parce que je suis l'adversaire le plus naturel de l'un et de l'autre, qu'elle a placé sa confiance en moi.

XIII.

Les gouvernements qui succèdent à des révolutions ont une tâche ingrate : celle de réprimer d'abord pour améliorer plus tard, de faire tomber des illusions et de remplacer, par le langage d'une raison froide, les accents désordonnés de la passion.

XIV.

Le patriotisme se reconnaît, comme on reconnaît la maternité dans un jugement célèbre. Vous vous souvenez de ces deux femmes réclamant le même enfant; à quel signe reconnaît-on les entrailles de la véritable mère? au renoncement à ses droits que lui arrache le péril d'une tête chérie. Que les partis qui aiment la France n'oublient pas cette sublime leçon; moi-même, s'il le faut, je m'en souviendrai. Mais, d'un autre côté, si des prétentions coupables se ranimaient et menaçaient de compromettre le repos de la France, je saurais les réduire à l'impuissance en invoquant encore la souveraineté du peuple, car je ne reconnais à personne le droit de se dire son représentant plus que moi.

XV.

Il est encourageant de penser que, dans les dangers extrêmes, la Providence réserve souvent à un seul d'être l'instrument du salut de tous, et, dans certaines circonstances, elle l'a même choisi au milieu du sexe le plus faible, comme si elle voulait, par la fragilité de l'enveloppe, prouver mieux encore l'empire de l'âme sur les choses humaines, et faire voir qu'une cause ne périt pas lorsqu'elle a pour la conduire une foi ardente, un dévouement inspiré, une conviction profonde.

Ainsi, au XVe siècle, à peu d'années d'intervalle, deux femmes obscures, mais animées du feu sacré, Jeanne d'Arc et Jeanne Hachette, apparaissent au moment le plus désespéré pour remplir une sainte mission.

L'une a la gloire miraculeuse de délivrer la France du joug étranger ;

L'autre inflige la honte d'une retraite à un prince qui, malgré l'éclat et l'étendue de sa puissance, n'était qu'un rebelle, artisan de guerre civile.

Et cependant, à quoi se réduit leur action ? Elles ne firent autre chose que de montrer aux Français le chemin de l'honneur et du devoir, et d'y marcher à leur tête.

XVI.

Les intérêts matériels ne grandissent que par la bonne direction des intérêts moraux. C'est l'âme qui conduit le corps. Aussi, se tromperait-il d'une étrange manière, le gouvernement qui baserait sa politique sur l'avarice, l'égoïsme et la peur !

XVII.

Le titre que j'ambitionne le plus est celui d'honnête homme.

Je ne connais rien au-dessus du devoir.

XVIII.

Pourquoi l'Empereur, malgré la guerre, a-t-il couvert la France de ces travaux impérissables qu'on retrouve à chaque pas ? C'est qu'indépendamment de son génie, il vint à une époque où la nation, fatiguée de révolutions, lui donna le pouvoir nécessaire pour abattre l'anarchie, combattre les factions et faire triompher, à l'extérieur par la gloire, à l'intérieur par une impulsion vigoureuse, les intérêts généraux du pays.

XIX.

Au gouvernement appartient d'établir et de propager les bons principes d'économie politique, d'encourager, de protéger, d'honorer le travail national. Il doit être l'instigateur de tout ce qui tend à élever la condition de l'homme ; mais le plus grand bienfait qu'il puisse donner, celui d'où découlent tous les autres, c'est d'établir une bonne administration qui crée la confiance et assure un lendemain. Le plus grand danger peut-être des temps modernes vient de cette fausse opinion, inculquée dans les esprits, qu'un gouvernement peut tout, et qu'il est de l'essence d'un système quelconque de répondre à toutes les exigences, de remédier à tous les maux. Les améliorations ne s'improvisent pas, elles naissent de celles qui les précèdent : comme l'espèce humaine, elles ont une filiation qui nous permet de mesurer l'étendue du progrès possible et de le séparer des utopies.

XX.

Plus nous avançons, plus, ainsi que l'annonçait l'Empereur, les métiers deviennent des arts, et plus le luxe lui-même devient un objet d'utilité, une condition première de notre existence. Mais ce luxe qui, par l'attrait de séduisants produits, attire le superflu du riche pour rémunérer le travail du pauvre, ne prospère que si l'agriculture, développée dans les mêmes proportions, augmente les richesses premières du pays et multiplie les consommateurs.

XXI.

Malgré les sophismes répandus tous les jours pour égarer le peuple, il est un principe incontestable qui, en Suisse, en Amérique, en Angleterre, a donné les résultats les plus avantageux : c'est d'affranchir la production et de n'imposer que la consommation. La richesse d'un pays est comme un fleuve ; si l'on prend les eaux à sa source, on le tarit ; si on les prend, au contraire, lorsque le fleuve a grandi, on peut en détourner une large masse sans altérer son cours.

XXII.

Partout en effet où je le puis, je m'efforce de soutenir et de propager les idées religieuses, les plus sublimes de toutes, puisqu'elles guident dans la fortune et consolent dans l'adversité. Mon gouvernement, je le dis avec orgueil, est un des seuls qui aient soutenu la religion pour elle-même ; il la soutient, non comme instrument politique, non pour plaire à un parti, mais uniquement par conviction, et par amour du bien qu'elle inspire comme des vérités qu'elle enseigne.

XXIII.

Par esprit de défiance, certaines personnes se disent : l'Empire, c'est la guerre ! Moi je dis : l'Empire, c'est la paix ! C'est la paix, car la France le désire ; et lorsque la France est satisfaite, le monde est tranquille.

La gloire se lègue bien à titre d'héritage, mais non la guerre. Est-ce que les princes qui s'honoraient justement d'être les petits-fils de Louis XIV ont recommencé ses luttes ?

La guerre ne se fait pas par plaisir : elle se fait par nécessité. Et à ces époques de transition où partout, à côté de tant d'éléments de prospérité, germent tant de causes de mort, on peut dire avec vérité : Malheur à celui qui, le premier, donnerait en Europe ce signal d'une collision dont les conséquences seraient incalculables !

XXIV.

L'Empereur fut le médiateur entre deux siècles ennemis : il tua l'ancien régime en rétablissant tout ce que ce régime avait de bon ; il tua l'esprit révolutionnaire en faisant triompher partout les bienfaits de la révolution : voilà pourquoi ceux qui l'ont renversé eurent bientôt à déplorer leur triomphe. Quant à ceux qui l'ont défendu, ai-je besoin de rappeler combien ils ont pleuré sa chute?

APPENDICE.

I.

Le discours prononcé par Louis-Napoléon devant la Cour des pairs, le 28 septembre 1840, n'était pas la défense d'un accusé, mais le manifeste d'une situation. En relisant aujourd'hui ce discours, on est frappé de l'unité de conduite et de vues que présente la vie de l'homme dont le caractère vient d'être étudié dans ce livre. L'Empereur Napoléon III n'a rien à désavouer des paroles du prétendant, que le hasard de la fortune devait amener un jour à la barre d'un tribunal politique, avant que la réaction de l'opinion l'élevât au trône de son oncle.

Pour la première fois de ma vie il m'est permis d'élever la voix en France et de parler librement à des Français.

Malgré les gardes qui m'entourent, malgré les accusations que je viens d'entendre, plein des souvenirs de ma première enfance, en me trouvant dans les murs du Sénat, au milieu de vous que je connais, messieurs, je ne peux croire que j'aie ici l'espoir de me justifier et que vous puissiez être mes juges. Une occasion m'est offerte d'expliquer à mes concitoyens ma conduite, mes intentions, mes projets, ce que je pense, ce que je veux.

Sans orgueil, comme sans faiblesse, si je rappelle les droits déposés par la nation dans les mains de ma famille, c'est uniquement pour expliquer les devoirs que ces droits nous ont imposés à tous.

Depuis cinquante ans que le principe de la souveraineté du peuple a été consacré en France par la plus puissante révolution qui se soit faite dans le monde, jamais la volonté nationale n'a été proclamée aussi solennellement, n'a été constatée par des suffrages aussi nombreux et aussi libres que pour l'adoption des constitutions de l'Empire.

La nation n'a jamais révoqué ce grand acte de sa souveraineté, et l'Empereur l'a dit : « Tout ce qui a été fait sans elle est illégitime. »

Aussi, gardez-vous de croire que, me laissant aller aux mouvements d'une ambition personnelle, j'aie voulu tenter en France une restauration impériale. J'ai été formé par de plus hautes leçons, et j'ai vécu sous de plus nobles exemples.

Je suis né d'un père qui descendit du trône, sans regret, le jour où il ne jugea plus possible de concilier avec les intérêts de la France les intérêts du peuple qu'il avait été appelé à gouverner.

L'Empereur, mon oncle, aima mieux abdiquer l'Empire que d'accepter par des traités les frontières restreintes qui devaient exposer la France à subir les dédains et les menaces que l'étranger se permet aujourd'hui. Je n'ai pas respiré un jour dans l'oubli de tels enseignements. La proscription imméritée et cruelle, qui pendant vingt-cinq ans a traîné ma vie des marches du trône sur lesquelles je suis né jusqu'à la prison d'où je sors en ce moment, a été impuissante à irriter comme à fatiguer mon cœur ; elle n'a pu me rendre étranger un seul jour à la gloire, aux droits, aux intérêts de la France. Ma conduite, mes convictions l'expliquent.

Lorsque, en 1830, le peuple a reconquis sa souveraineté, j'avais cru que le lendemain de la conquête serait loyal comme la conquête elle-même, et que les destinées de la France étaient à jamais fixées ; mais le pays a fait la triste expérience des dix dernières années. J'ai pensé que le vote de quatre millions de citoyens, qui avait élevé ma famille, nous imposait au moins le devoir de faire appel à la nation, et d'interroger sa volonté; j'ai cru même que si, au sein du congrès national que je voulais convoquer, quelques prétentions pouvaient se faire entendre, j'aurais le droit d'y réveiller les souvenirs éclatants de l'Empire, d'y parler du frère aîné de l'Empereur, de cet homme vertueux qui, avant moi, en est le digne héritier, et de placer en face de la France aujourd'hui affaiblie, passée sous silence dans le congrès des rois, la France d'alors, si forte au dedans, au dehors si puissante et si respectée. La nation eût répondu : « République ou monarchie, empire ou royauté. » De sa libre décision dépend la fin de nos maux, le terme de nos dissensions.

Quant à mon entreprise, je le répète, je n'ai point eu de complice. Seul j'ai tout résolu; personne n'a connu à l'avance ni mes projets, ni mes ressources, ni mes espérances. Si je suis coupable envers quelqu'un, c'est envers mes amis seuls. Toutefois qu'ils ne m'accusent pas d'avoir abusé légèrement de courages et de dévouements comme les leurs. Ils comprendront les motifs d'honneur et de prudence qui ne me permettent pas de révéler à eux-mêmes combien étaient étendues et puissantes mes raisons d'espérer un succès.

Un dernier mot, messieurs. Je représente devant vous un principe, une cause, une défaite. Le principe, c'est la souveraineté du peuple; la cause, celle de l'Empire; la défaite, Waterloo. Le principe, vous l'avez reconnu; la cause, vous l'avez servie; la défaite, vous voulez la venger. Non, il n'y a pas de désaccord entre vous et moi, et je ne veux pas croire que je puisse être dévoué à porter la peine des défections d'autrui.

Représentant d'une cause politique, je ne puis accepter comme juge de mes volontés et de mes actes une juridiction politique. Vos formes n'abusent personne. Dans la lutte qui s'ouvre, il n'y a qu'un vainqueur et un vaincu. Si vous êtes les hommes du vainqueur, je n'ai pas de justice à attendre de vous, et je ne veux pas de générosité. (*Agitation prolongée.*)

II.

ALLOCUTION DU PRÉSIDENT DE LA RÉPUBLIQUE AUX OFFICIERS DE L'ARMÉE DE PARIS (10 NOVEMBRE 1851).

MESSIEURS,

En recevant les officiers des divers régiments de l'armée qui se succèdent dans la garnison de Paris, je me félicite de les voir animés de cet esprit militaire qui fit notre gloire et qui aujourd'hui fait notre sécurité. Je ne vous parlerai donc ni de vos devoirs, ni de la discipline. Vos devoirs, vous les avez toujours remplis avec honneur, soit sur la terre d'Afrique, soit sur le sol de la France, et la discipline, vous l'avez toujours maintenue intacte à travers les épreuves les plus difficiles. J'espère que ces épreuves ne reviendront pas; mais si la gravité des circonstances les ramenait et m'obligeait de faire appel à votre dévouement, il ne me faillirait pas, j'en suis sûr, parce que, vous le savez, je ne vous demanderai rien qui ne soit d'accord avec mon droit reconnu par la constitution, avec l'honneur militaire, avec les intérêts de la patrie; parce que j'ai mis à votre tête des hommes qui ont toute ma confiance et qui méritent la vôtre; parce que, si jamais le jour du danger arrivait, je ne ferais pas comme les gouvernements qui m'ont précédé, et je ne vous dirais pas : Marchez, je vous suis ! Mais je vous dirais : Je marche, suivez-moi !

III.

DISCOURS DU PRÉSIDENT DE LA RÉPUBLIQUE AUX REPRÉSENTANTS DE L'INDUSTRIE FRANÇAISE.

MESSIEURS,

Il est des cérémonies qui, par les sentiments qu'elles inspirent et les réflexions qu'elles font naître, ne sont pas un vain spectacle. Je ne puis me défendre d'une certaine émotion et d'un certain orgueil comme Français, en voyant autour de moi les hommes honorables qui, au prix de tant d'efforts et de sacrifices, ont maintenu avec éclat, à l'étranger, la réputation de nos métiers, de nos arts, de nos sciences.

J'ai déjà rendu un juste hommage à la grande pensée qui présida à l'exposition universelle de Londres; mais, au moment de couronner vos succès par une récompense nationale, puis-je oublier que tant de merveilles de l'industrie ont été commencées au bruit de l'émeute et achevées au milieu d'une société sans cesse agitée par la crainte du présent comme par les menaces de l'avenir ? Et, en réfléchissant aux obstacles qu'il vous a fallu vaincre, je me suis dit : Combien elle serait grande, cette nation, si l'on voulait la laisser respirer à l'aise et vivre de sa vie !

En effet, c'est lorsque le crédit commençait à peine à renaître ; c'est lorsqu'une idée infernale poussait sans cesse les travailleurs à tarir les sources mêmes du travail ; c'est lorsque la démence, se parant du manteau de la philanthropie, venait détourner les esprits des occupations régulières pour les jeter dans les spéculations de l'utopie ; c'est alors que vous avez montré au monde des produits qu'un calme durable semblait seul permettre d'exécuter.

En présence donc de ces résultats inespérés, je dois le répéter : comme elle pourrait être grande, la République française, s'il lui était permis de vaquer à ses véritables affaires et de réformer ses institutions, au lieu d'être sans cesse troublée, d'un côté par les idées démagogiques, et de l'autre par les hallucinations monarchiques !

Les idées démagogiques proclament-elles une vérité? Non. Elles répandent partout l'erreur et le mensonge. L'inquiétude les précède, la déception les suit, et les ressources employées à les réprimer sont autant de pertes pour les améliorations les plus pressantes, pour le soulagement de la misère.

Quant aux hallucinations monarchiques, sans faire courir les mêmes dangers, elles entravent également tout progrès, tout travail sérieux. On lutte au lieu de marcher. On voit des hommes, jadis ardents promoteurs des prérogatives de l'autorité royale, se faire conventionnels, afin de désarmer le pouvoir issu du suffrage populaire. On voit ceux qui ont le plus souffert, le plus gémi des révolutions, en provoquer une nouvelle, et cela dans l'unique but de se soustraire au vœu national et d'empêcher le mouvement qui transforme les sociétés de suivre un paisible cours.

Ces efforts seront vains. Tout ce qui est dans la nécessité des temps doit s'accomplir. L'inutile seul ne saurait revivre. Cette cérémonie est encore une preuve que si certaines institutions tombent sans retour, celles au contraire qui sont conformes aux mœurs, aux idées, aux besoins de l'époque, bravent les attaques de l'envie ou du puritanisme.

Vous tous, fils de cette société régénérée, qui détruisit les anciens priviléges et qui proclame comme principe fondamental l'égalité civile et politique, vous éprouvez néanmoins un juste orgueil à être nommés chevaliers de l'ordre de la Légion d'honneur. C'est que cette institution était, ainsi que toutes celles créées à cette époque, en harmonie avec l'esprit du siècle et les idées du pays. Loin de servir comme d'autres à rendre les démarcations plus tranchées, elle les efface en plaçant sur la même ligne tous les mérites, à quelque profession, à quelque rang de la société qu'ils appartiennent.

Recevez donc ces croix de la Légion d'honneur, qui, d'après la grande idée du fondateur, sont faites pour honorer le travail à l'égal de la bravoure, et la bravoure à l'égal de la science.

Avant de nous séparer, messieurs, permettez-moi de vous encourager à de nouveaux travaux. Entreprenez-les sans crainte; ils empêcheront le chômage cet hiver. Ne redoutez pas l'avenir. La tranquillité sera maintenue, quoi qu'il arrive. Un gouvernement qui s'appuie sur la masse entière de la nation, qui n'a d'autre mobile que le bien public et qu'anime cette foi ardente qui vous guide sûrement, même à travers un espace où il n'y a pas de route tracée, ce gouvernement, dis-je, saura remplir sa mission, car il a en lui et le droit qui vient du peuple, et la force qui vient de Dieu.

IV.

AU NOM DU PEUPLE FRANÇAIS.

Le président de la République décrète :

Art. 1er. — L'Assemblée nationale est dissoute.

Art. 2. — Le suffrage universel est rétabli. La loi du 31 mai est abrogée.

Art. 3. — Le peuple français est convoqué dans ses comices, à partir du 14 décembre jusqu'au 21 décembre suivant.

Art. 4. — L'état de siége est décrété dans l'étendue de la 1re division militaire.

Art. 5. — Le conseil d'État est dissous.

Art. 6. — Le ministre de l'intérieur est chargé de l'exécution du présent décret.

Fait au palais de l'Élysée, le 2 décembre 1851.

LOUIS-NAPOLÉON BONAPARTE.

Le ministre de l'intérieur,

DE MORNY.

V.

PROCLAMATION DU PRÉSIDENT DE LA RÉPUBLIQUE.

APPEL AU PEUPLE.

FRANÇAIS !

La situation actuelle ne peut durer plus longtemps. Chaque jour qui s'écoule aggrave les dangers du pays. L'Assemblée, qui devait être le plus ferme appui de l'ordre, est devenue un foyer de complots. Le patriotisme de trois cents de ses membres n'a pu arrêter ses fatales tendances. Au lieu de faire des lois dans l'intérêt général, elle forge des armes pour la guerre civile; elle attente au pouvoir que je tiens directement du peuple; elle encourage toutes les mauvaises passions; elle compromet le repos de la France: je l'ai dissoute, et je rends le peuple entier juge entre elle et moi.

La constitution, vous le savez, avait été faite dans le but d'affaiblir d'avance le pouvoir que vous alliez me confier. Six millions de suffrages furent une éclatante protestation contre elle, et cependant je l'ai fidèlement observée. Les provocations, les calomnies, les outrages m'ont trouvé impassible. Mais aujourd'hui que le pacte fondamental n'est plus respecté de ceux-là mêmes qui l'invoquent sans cesse, et que les hommes qui ont déjà perdu deux monarchies veulent me lier les mains, afin de renverser la République, mon devoir est de déjouer leurs perfides projets, de maintenir la République et de sauver le pays en invoquant le jugement solennel du seul souverain que je reconnaisse en France : le peuple.

Je fais donc un appel loyal à la nation tout entière, et je vous dis : Si vous voulez continuer cet état de malaise qui nous dégrade et compromet notre avenir, choisissez un autre à ma place, car je ne veux plus d'un pouvoir qui est impuissant à faire le bien, me rend responsable d'actes que je ne puis empêcher et m'enchaîne au gouvernail quand je vois le vaisseau courir vers l'abîme.

Si, au contraire, vous avez encore confiance en moi, donnez-moi les moyens d'accomplir la grande mission que je tiens de vous.

Cette mission consiste à fermer l'ère des révolutions en satisfaisant les besoins légitimes du peuple et en le protégeant contre les passions subversives. Elle consiste surtout à créer des institutions qui survivent aux hommes et qui soient enfin des fondations sur lesquelles on puisse asseoir quelque chose de durable.

Persuadé que l'instabilité du pouvoir, que la prépondérance d'une seule Assemblée sont des causes permanentes de trouble et de discorde, je soumets à vos suffrages les bases fondamentales suivantes d'une constitution que les Assemblées développeront plus tard :

1° Un chef responsable nommé pour dix ans ;

2° Des ministres dépendants du pouvoir exécutif seul ;

3° Un conseil d'État formé des hommes les plus distingués, préparant les lois et en soutenant la discussion devant le Corps législatif ;

4° Un Corps législatif discutant et votant les lois, nommé par le suffrage universel, sans scrutin de liste qui fausse l'élection ;

5° Une seconde Assemblée formée de toutes les illustrations du pays, pouvoir pondérateur, gardien du pacte fondamental et des libertés publiques.

Ce système, créé par le premier consul au commencement du siècle, a déjà donné à la France le repos et la prospérité ; il les lui garantirait encore.

Telle est ma conviction profonde. Si vous la partagez, déclarez-le par vos suffrages. Si, au contraire, vous préférez un gouvernement sans force, monarchique ou républicain, emprunté à je ne sais quel passé ou à quel avenir chimérique, répondez négativement.

Ainsi donc, pour la première fois depuis 1804, vous voterez en connaissance de cause, en sachant bien pour qui et pour quoi.

Si je n'obtiens pas la majorité de vos suffrages, alors je provoquerai la réunion d'une nouvelle Assemblée, et je lui remettrai le mandat que j'ai reçu de vous.

Mais si vous croyez que la cause dont mon nom est le symbole, c'est-à-dire la France régénérée par la révolution de 89 et organisée par l'Empereur, est toujours la vôtre, proclamez-le en consacrant les pouvoirs que je vous demande.

Alors la France et l'Europe seront préservées

de l'anarchie, les obstacles s'aplaniront, les rivalités auront disparu, car tous respecteront, dans l'arrêt du peuple, le décret de la Providence.

Fait au palais de l'Élysée, le 3 décembre 1851.

LOUIS-NAPOLÉON BONAPARTE.

VI.

RAPPORT ADRESSÉ AU MINISTRE DE LA GUERRE PAR LE GÉNÉRAL EN CHEF DE L'ARMÉE DE PARIS.

Paris, le 9 décembre 1851.

MONSIEUR LE MINISTRE,

J'ai déjà eu l'honneur de vous adresser un rapport sommaire sur les événements qui ont marqué les journées du 3 et du 4 décembre courant, et de vous rendre compte des résultats obtenus à la suite des dispositions arrêtées en prévision de ces événements.

Aujourd'hui que les rapports partiels des généraux commandant les divisions sous mes ordres me sont parvenus, je m'empresse de vous transmettre les détails qui complètent mon premier rapport.

Dès le 3 au matin, des rassemblements nombreux et menaçants s'étaient formés sur divers points; les différents corps de l'armée de Paris allèrent prendre leur position de combat.

Le général Marulaz, qui occupait avec sa brigade la place de la Bastille, informé qu'une barricade s'élevait au carrefour de la rue du Faubourg-Saint-Antoine et des rues de Cotte et Sainte-Marguerite, lança dans cette direction trois compagnies du 19e léger, sous les ordres du commandant Pujol, et appuya ce mouvement en s'avançant au pas de course, à la tête d'un bataillon du 44e dans la rue de Charonne, de manière à déboucher sur cette barricade par la rue de Cotte.

Le rassemblement, en tête duquel se trouvaient trois représentants montagnards, voyant arriver la troupe, fit une décharge qui blessa mortellement le fusilier Siran, du 44e de ligne.

Le premier peloton riposta et la décharge tua le représentant Baudin sur la barricade.

Dans l'après-midi, le général Herbillon, qui se trouvait en position sur la place de l'Hôtel de Ville, prévenu que des barricades s'élevaient dans les rues du Temple, Rambuteau, Beaubourg, etc., se dirigea immédiatement sur les points indiqués, à la tête d'une colonne formée du 9e bataillon de chasseurs à pied et d'une pièce d'artillerie, et renversa tous les obstacles qui se trouvaient sur son passage, pendant qu'un bataillon du 6e léger détruisait, dans la rue du Temple, les matériaux de plusieurs barricades commencées.

Plus tard, dans la soirée, de nouvelles barricades ayant été construites dans la rue Beaubourg, le colonel Chapuis, du 3e de ligne, emmenant avec lui un bataillon de son régiment et une compagnie du génie, parcourut de nouveau ces quartiers, et essuya un feu très-vif qui ne put arrêter l'élan de la colonne. Tous les obstacles furent enlevés au pas de course, et ceux qui les défendaient passés par les armes.

Des rassemblements qui se formèrent dans d'autres quartiers furent dispersés par l'énergie et l'attitude des troupes.

Voyant que la journée s'était passée en escarmouches insignifiantes et sans résultat décisif, et soupçonnant que l'intention des meneurs était de fatiguer les troupes, en portant successivement l'agitation dans tous les quartiers, je résolus de laisser quelque temps l'insurrection livrée à elle-même, de lui donner la facilité de choisir son terrain, de s'y établir et de former enfin une masse compacte que je pusse atteindre et combattre.

Dans ce but, je fis retirer tous les petits postes, rentrer toutes les troupes dans leurs casernes, et j'attendis.

Dès le 4 au matin, les rapports de M. le préfet de police et mes propres reconnaissances m'informèrent que des attroupements nombreux se formaient dans les quartiers Saint-Antoine, Saint-Denis, Saint-Martin, et qu'ils commençaient à y élever des barricades.

L'insurrection paraissait avoir son foyer dans l'espace compris entre les boulevards et les rues du Temple, Rambuteau et Montmartre.

A midi, j'appris que les barricades devenaient formidables et que les insurgés s'y retranchaient; mais j'avais décidé de n'attaquer qu'à deux heures, et, inébranlable dans ma résolution, je n'avançai pas le moment, quelques instances qu'on me fît pour cela. Je connaissais l'ardeur de mes troupes, je savais leur impatience de combattre, et j'étais sûr de vaincre cette insurrection en deux heures, si elle voulait franchement accepter le combat.

Le succès a justifié mon attente. L'attaque ordonnée pour deux heures, devait avoir lieu par un mouvement convergent des divisions Carrelet et Levasseur.

En conséquence, la brigade Bourgon prit position entre la porte Saint-Denis et la porte Saint-Martin.

Les brigades de Cotte et Canrobert se massèrent sur le boulevard des Italiens, pendant que le général Dulac occupait la pointe Saint-Eustache, et que la brigade de cavalerie du général Reibell s'établissait dans la rue de la Paix.

Le général Levasseur, reprenant ses positions, forma ses colonnes pour appuyer le mouvement de la division Carrelet.

A deux heures de l'après-midi, toutes ces troupes s'élancèrent en même temps.

La brigade Bourgon balaye le boulevard jusqu'à la rue du Temple, et descend cette rue jusqu'à celle de Rambuteau, enlevant toutes les barricades qu'elle trouve sur son passage.

La brigade de Cotte s'engage dans la rue Saint-Denis, pendant qu'un bataillon du 15e léger était lancé dans la rue du Petit-Carreau, déjà barricadée.

Le général Canrobert, prenant position à la porte Saint-Martin, parcourt la rue du faubourg de ce nom et les rues adjacentes, obstruées par de fortes barricades que le 5e bataillon de chasseurs à pied, aux ordres du commandant Levasson-Sorval, enlève avec une rare intrépidité.

Le général Dulac lance, à l'attaque de la barricade de la rue Rambuteau et des rues adjacentes, des colonnes formées des trois bataillons du 51e de ligne, colonel de Lourmel, et de deux autres bataillons, l'un du 19e de ligne, l'autre du 43e, appuyés par une batterie.

En même temps, la brigade Herbillon, formée en deux colonnes, dont l'une était dirigée par le général Levasseur en personne, pénétrait dans le foyer de l'insurrection par les rues du Temple, de Rambuteau et Saint-Martin.

Le général Marulaz opérait dans le même sens par les rues Saint-Denis, et jetait dans les rues transversales une colonne légère aux ordres de M. le colonel de La Motterouge, du 19e léger.

De son côté, le général Courtigis, arrivant de Vincennes à la tête de sa brigade, balayait le faubourg Saint-Antoine, dans lequel plusieurs barricades avaient été construites.

Ces différentes opérations ont été conduites sous le feu des insurgés, avec une habileté et un entrain qui ne pouvaient pas laisser le succès douteux un instant. Les barricades, attaquées d'abord à coups de canon, ont été enlevées à la baïonnette. Toute la partie de la ville qui s'étend entre les faubourgs Saint-Antoine et Saint-Martin, la pointe Saint-Eustache et l'Hôtel de Ville, a été sillonnée en tous sens par nos colonnes d'infanterie; les barricades enlevées et détruites; les insurgés dispersés et tués. Les rassemblements qui ont voulu essayer de se reformer sur les boulevards ont été chargés par la cavalerie du général Reibell, qui a essuyé, à la hauteur de la rue Montmartre, une assez vive fusillade.

Attaqués de tous les côtés à la fois, déconcertés par l'irrésistible élan de nos troupes et par cet ensemble de dispositions, enveloppant, comme dans un réseau de fer, le quartier où ils nous avaient attendus, les insurgés n'ont plus osé rien entreprendre de sérieux.

A cinq heures du soir, les troupes de la division Carrelet venaient reprendre position sur le boulevard.

Ainsi, commencée à deux heures, l'attaque

était terminée avant cinq heures du soir. L'insurrection était vaincue sur le terrain qu'elle avait choisi.

Toutefois, quelques combats partiels ont eu lieu en dehors de ce terrain, et je crois devoir vous les signaler.

Le 4, vers sept heures du soir, quelques rassemblements d'insurgés, dispersés par les diverses colonnes, se réunirent dans le haut de la rue Saint-Honoré, des Poulies et plusieurs petites rues adjacentes, où ils commencèrent à se barricader.

D'autres attroupements avaient lieu en même temps dans les rues Montmartre et Montorgueil, dont les réverbères avaient été éteints, et où les insurgés, à la faveur de l'obscurité, avaient pu élever de nouvelles barricades.

Vers huit heures, le colonel de Lourmel, du 51e de ligne, qui était resté en position près de la pointe Saint-Eustache, bien qu'appréciant toutes les difficultés d'une attaque de nuit, se décida à faire attaquer immédiatement par le 2e bataillon de son régiment.

Les quatre premières barricades furent enlevées au pas de course, avec le plus grand élan, par les grenadiers et les voltigeurs de ce bataillon. Une cinquième restait debout, plus élevée et mieux défendue que les autres. Malgré son éloignement, malgré l'obscurité, le colonel de Lourmel n'hésita pas à prendre des dispositions pour l'attaquer. Quinze grenadiers, aux ordres du sergent Pitrois, s'élancent les premiers, bientôt suivis par les grenadiers et les voltigeurs du bataillon, entraînés par le commandant Jeannin.

Rien ne peut résister à l'élan de ces braves soldats. La barricade est enlevée, malgré une résistance désespérée. Cent insurgés environ la défendaient. Quarante sont tués sur place, les autres sont faits prisonniers. Une centaine de fusils, des armes de toute espèce, d'abondantes munitions, tombent au pouvoir de nos soldats.

Le colonel Courant, du 19e de ligne, qui occupait avec son régiment le Palais National, apprenant qu'un nombre considérable d'insurgés, chassés du carré Saint-Martin, s'étaient ralliés sur la place des Victoires et menaçaient la Banque de France et les quartiers environnants, s'y porte au pas de course avec son régiment, enlève les barricades des rues Pagevin et des Fossés-Montmartre, et revient s'établir à la Banque, d'où il a pu maintenir la tranquillité des quartiers de la Banque et de la Bourse.

Je n'achèverais pas de citer ; je ne puis cependant m'empêcher de rendre justice à l'énergique habileté avec laquelle M. le capitaine de La Roche d'Oisy, commandant la 4e compagnie du 1er bataillon de gendarmerie mobile a su, pendant tout le temps qu'a duré l'insurrection, préserver de toute insulte l'Imprimerie nationale, entourée sans cesse de groupes menaçants.

Plusieurs barricades ont été construites dans les rues voisines, dans le but de couper les communications de cet établissement. M. le lieutenant Fabre, de cette compagnie, à la tête de vingt-cinq gendarmes, a enlevé au pas de course la plus forte de ces barricades, formée au moyen de diligences renversées, de tonneaux pleins de pavés et de pièces de bois. Les autres barricades ont été successivement abordées et détruites, la circulation rétablie et maintenue par de fréquentes patrouilles.

A la Chapelle-Saint-Denis, quelques compagnies du 28e de ligne ont enlevé de nombreuses barricades, et maintenu la tranquillité dans ces quartiers populeux, que les sociétés secrètes avaient profondément remués.

Pendant que ces événements se passaient sur la rive droite de la Seine, le général Renault, commandant la 2e division, occupait la rive gauche, et, par l'habileté de ses dispositions, par la bonne contenance de ses troupes, il a pu garantir de toute agitation la population ouvrière des 11e et 12e arrondissements, dans laquelle, à une autre époque, l'insurrection avait fait de nombreux prosélytes.

La division de cavalerie de réserve, aux ordres du général Korte, appelée de Versailles, a pris position, d'abord aux Champs-Élysées, puis sur les boulevards, et a puissamment contribué, par de nombreuses et fortes patrouilles, à l'arrestation d'un grand nombre d'insurgés et au rétablissement complet de la tranquillité.

Les rapports qui me furent adressés dans la nuit du 4, sur l'état de Paris, me donnant la presque certitude que l'insurrection n'oserait plus relever la tête, je retirai à minuit une partie des troupes de leurs positions de combat, pour leur donner un repos qu'elles avaient si bien mérité.

..

Le lendemain, 5 décembre, je voulus montrer toute l'armée de Paris à la population. Je voulais, par cette démonstration, rassurer les bons, intimider les méchants.

J'ordonnai aux brigades d'infanterie, avec leur artillerie et leurs compagnies du génie, de parcourir la ville en colonne mobile, de marcher aux insurgés partout où ils se montreraient encore, d'enlever et de détruire les obstacles qui pourraient gêner la circulation.

A cet effet, le général Carrelet, à la tête d'une colonne de sa division, se porta, vers neuf heures du matin, à la barrière Rochechouart, où l'on signalait encore l'existence d'une barricade formidable. Mais les insurgés, atterrés par le résultat de la journée du 4, n'osèrent plus défendre leurs retranchements et les abandonnèrent à l'approche de nos troupes.

Une autre barricade, élevée dans le faubourg Poissonnière, fut pareillement désertée par ses défenseurs avant l'arrivée de la colonne aux ordres du général Canrobert, chargé de l'enlever.

J'ai eu beaucoup à me louer du concours énergique des officiers généraux sous mes ordres. Tous ont suivi mes instructions avec une intelligence et un dévouement qui me pénètre de la plus vive reconnaissance pour eux. Partout ils ont montré aux troupes le le chemin qu'elles ont si noblement suivi.

Malheureusement, des opérations aussi compliquées ne pouvaient s'exécuter sans pertes sensibles. Nous avons eu dans ces deux journées 25 tués, dont un officier, et 184 blessés dont 17 officiers. De ce nombre est M. le colonel Quilico, du 72e de ligne, qui a eu le bras traversé d'une balle, en même temps que son lieutenant-colonel, M. Loubeau, tombait à ses côtés frappé mortellement. L'armée entière s'est associée aux regrets qu'a causés, dans le 72e de ligne, la perte de cet officier supérieur de la plus haute distinction.

La faiblesse numérique de notre perte, comparée à celle des insurgés, ne peut s'expliquer que par l'élan avec lequel tous les obstacles ont été abordés par nos soldats, et par l'énergie avec laquelle ils ont écrasé l'insurrection. En deux heures de combat, l'armée de Paris a obtenu le résultat qu'elle désirait; elle a justifié dignement la confiance du président de la République; elle a le sentiment de l'avoir no-

blement aidé à sauver la société en France, et peut-être en Europe.

J'aurai l'honneur de vous adresser très-incessamment l'état des militaires de tous grades qui m'ont paru avoir le plus de titres à des récompenses, et sur lesquels je vous prierai d'appeler le bienveillant intérêt de M. le président de la République.

Agréez, monsieur le Ministre, l'assurance de mon respectueux dévouement.

Le général commandant en chef,

MAGNAN.

VII.

Au nombre des pièces justificatives, l'auteur croit utile de placer l'article suivant, publié le 25 septembre 1850, dans le *Bulletin de Paris*, par M. de Latour-Dumoulin. Cet article, qui, quinze mois d'avance, traduisait fidèlement la pensée de Louis-Napoléon, et présageait, avec une clairvoyance presque prophétique, le 2 décembre, produisit une sensation profonde. L'auteur n'avait certainement reçu aucune confidence, mais la sûreté de son coup d'œil, éclairé par la connaissance personnelle qu'il avait du grand caractère du président de la République, lui avait fait entrevoir le seul dénoûment possible. En relisant aujourd'hui ces lignes écrites quelques mois avant l'événement qu'elles semblent annoncer, on croit entendre battre le premier rappel du patriotisme, qui, au signal donné par la main d'un libérateur, devait faire surgir huit millions de voix pour écraser le socialisme et sauver la société.

CE QUE VEUT LE PRÉSIDENT.

L'opinion publique s'est émue, à Paris et dans les départements, de l'attitude menaçante qu'affectent depuis deux mois les partis monarchiques.

Le pays inquiet a le droit de savoir quels seraient les projets de Louis-Napoléon dans le cas où les royalistes, unis ou désunis, des deux branches chercheraient à empêcher la prorogation nécessaire des pouvoirs présidentiels.

Ces projets, que nous croyons connaître, nous allons les exposer en peu de mots :

Louis-Napoléon répudie hautement toute arrière-pensée dynastique; il ne veut pas d'autres prérogatives que celles dont il jouit actuellement. Son but unique, c'est le rétablissement de l'ordre, de la confiance, du crédit; c'est, en un mot, de fermer l'ère des révolutions.

Mais, pour accomplir la mission pacificatrice que lui réserve la Providence, il faut que le pouvoir du président ait de la stabilité, de la durée.

Louis-Napoléon ne répondrait pas au vœu des six millions de citoyens qui l'ont choisi comme le symbole des idées d'ordre et de sage progrès, inaugurées en 89, s'il baissait humblement la tête devant la coalition royaliste qui agite imprudemment le pays.

Louis-Napoléon espère donc que le moment

venu de remettre en question l'avenir de la France, c'est-à-dire de consolider définitivement le pouvoir ou de décréter l'anarchie, l'Assemblée nationale comprendra les devoirs que lui imposent les circonstances et l'immense responsabilité qu'elle assumerait devant l'histoire, si elle hésitait à voter la révision immédiate de la constitution.

Que si l'Assemblée nationale, oubliant qu'avant tout la France veut être rassurée, se refusait à adopter une mesure que réclame impérieusement le salut public, Louis-Napoléon n'hésiterait pas à faire un appel à ce peuple tout entier dont il a reçu mandat.

Et le peuple déciderait si le président de la République doit prendre pour devise :

Abnégation ou persévérance.

FIN.

TABLE DES MATIÈRES.

FIN DE LA TABLE DES MATIÈRES.

Imprimerie de Ch. Lahure (ancienne maison Crapelet)
rue de Vaugirard, 9, près de l'Odéon.